Eva Blaeser-Ridderbeck

Es gibt kein Ich an sich, sondern nur das Ich des Grundworts Ich-Du und das Ich des Grundworts Ich-Es.
Wenn der Mensch Ich spricht, meint er eins von beiden. Das Ich, das er meint, dieses ist da, wenn er Ich spricht. Auch wenn er Du oder Es spricht, ist das Ich des einen oder das des andern Grundworts da.
Ich sein und Ich sprechen sind eins. Ich sprechen und eins der Grundworte sprechen sind eins.
Wer ein Grundwort spricht, tritt in das Wort ein und steht darin.

*

Das Leben des Menschenwesens besteht nicht im Umkreis der zielenden Zeitwörter allein. Es besteht nicht aus Tätigkeiten allein, die ein Etwas zum Gegenstand haben. Ich nehme etwas wahr. Ich empfinde etwas. Ich stelle etwas vor. Ich will etwas. Ich fühle etwas. Ich denke etwas. Aus alledem und seinesgleichen allein besteht das Leben des Menschenwesens nicht.
All dies und seinesgleichen zusammen gründet das Reich des Es.
Aber das Reich des Du hat anderen Grund.

*

Wer Du spricht, hat kein Etwas zum Gegenstand. Denn wo Etwas ist, ist anderes Etwas, jedes Es grenzt an andere Es, Es ist nur dadurch, daß es an andere grenzt. Wo aber Du gesprochen wird, ist kein Etwas. Du grenzt nicht.

Du → Wesenhaft
Es → Dinghaft

Wer Du spricht, hat kein Etwas, hat nichts. Aber er steht in der Beziehung.

*

Man sagt, der Mensch erfahre seine Welt. Was heißt das? Der Mensch befährt die Fläche der Dinge und erfährt sie. Er holt sich aus ihnen ein Wissen um ihre Beschaffenheit, eine Erfahrung. Er erfährt, was an den Dingen ist.

Aber nicht Erfahrungen allein bringen die Welt dem Menschen zu.

Denn sie bringen ihm nur eine Welt zu, die aus Es und Es und Es, aus Er und Er und Sie und Sie und Es besteht.

Ich erfahre Etwas.

Daran wird nichts geändert, wenn man zu den »äußeren« die »inneren« Erfahrungen fügt, der unewigen Scheidung folgend, die der Begier des menschlichen Geschlechts entstammt, das Geheimnis des Todes abzustumpfen. Innendinge wie Außendinge, Dinge unter Dingen!

Ich erfahre etwas.

Und daran wird nichts geändert, wenn man zu den »offenbaren« die »geheimen« Erfahrungen fügt, in jener selbstsichern Weisheit, die in den Dingen einen verschloßnen Abteil kennt, den Eingeweihten vorbehalten, und mit dem Schlüssel hantiert. O Heimlichkeit ohne Geheimnis, o Häufung der Auskünfte! Es, es, es!

*

Der Erfahrende hat keinen Anteil an der Welt. Die Erfahrung ist ja »in ihm« und nicht zwischen ihm und der Welt.
Die Welt hat keinen Anteil an der Erfahrung. Sie läßt sich erfahren, aber es geht sie nichts an, denn sie tut nichts dazu, und ihr widerfährt nichts davon.

*

Die Welt als Erfahrung gehört dem Grundwort Ich-Es zu. Das Grundwort Ich-Du stiftet die Welt der Beziehung.

*

Drei sind die Sphären, in denen sich die Welt der Beziehung errichtet.
Die erste: das Leben mit der Natur. Da ist die Beziehung im Dunkel schwingend und untersprachlich. Die Kreaturen regen sich uns gegenüber, aber sie vermögen nicht zu uns zu kommen, und unser Du-Sagen zu ihnen haftet an der Schwelle der Sprache.
Die zweite: das Leben mit den Menschen. Da ist die Beziehung offenbar und sprachgestaltig. Wir können das Du geben und empfangen.
Die dritte: das Leben mit den geistigen Wesenheiten. Da ist die Beziehung in Wolke gehüllt, aber sich offenbarend, sprachlos, aber sprachzeugend. Wir vernehmen kein Du und fühlen uns doch angerufen, wir antworten - bildend, denkend, handelnd: wir sprechen mit unserm Wesen das Grundwort, ohne mit unserm Munde Du sagen zu können.

Wie dürfen wir aber das Außersprachliche in die Welt des Grundworts einbeziehn?
In jeder Sphäre, durch jedes uns gegenwärtig Werdende blicken wir an den Saum des ewigen Du hin, aus jedem vernehmen wir ein Wehen von ihm, in jedem Du reden wir das ewige an, in jeder Sphäre nach ihrer Weise.

*

Ich betrachte einen Baum.
Ich kann ihn als Bild aufnehmen: starrender Pfeiler im Anprall des Lichts, oder das spritzende Gegrün von der Sanftmut des blauen Grundsilbers durchflossen.
Ich kann ihn als Bewegung verspüren: das flutende Geäder am haftenden und strebenden Kern, Saugen der Wurzeln, Atmen der Blätter, unendlicher Verkehr mit Erde und Luft - und das dunkle Wachsen selber.
Ich kann ihn einer Gattung einreihen und als Exemplar beobachten, auf Bau und Lebensweise.
Ich kann seine Diesmaligkeit und Geformtheit so hart überwinden, daß ich ihn nur noch als Ausdruck des Gesetzes erkenne - der Gesetze, nach denen ein stetes Gegeneinander von Kräften sich stetig schlichtet, oder der Gesetze, nach denen die Stoffe sich mischen und entmischen.
Ich kann ihn zur Zahl, zum reinen Zahlenverhältnis verflüchtigen und verewigen.
In all dem bleibt der Baum mein Gegenstand und

hat seinen Platz und seine Frist, seine Art und Beschaffenheit.

Es kann aber auch geschehen, aus Willen und Gnade in einem, daß ich, den Baum betrachtend, in die Beziehung zu ihm eingefaßt werde, und nun ist er kein Es mehr. Die Macht der Ausschließlichkeit hat mich ergriffen.

Dazu tut nicht not, daß ich auf irgendeine der Weisen meiner Betrachtung verzichte. Es gibt nichts, wovon ich absehen müßte, um zu sehen, und kein Wissen, das ich zu vergessen hätte. Vielmehr ist alles, Bild und Bewegung, Gattung und Exemplar, Gesetz und Zahl, mit darin, ununterscheidbar vereinigt.

Alles, was dem Baum zugehört, ist mit darin, seine Form und seine Mechanik, seine Farben und seine Chemie, seine Unterredung mit den Elementen und seine Unterredung mit den Gestirnen, und alles in einer Ganzheit.

Kein Eindruck ist der Baum, kein Spiel meiner Vorstellung, kein Stimmungswert, sondern er leibt mir gegenüber und hat mit mir zu schaffen, wie ich mit ihm - nur anders.

Man suche den Sinn der Beziehung nicht zu entkräften: Beziehung ist Gegenseitigkeit.

So hätte er denn ein Bewußtsein, der Baum, dem unsern ähnlich? Ich erfahre es nicht. Aber wollt ihr wieder, weil es euch an euch geglückt scheint, das Unzerlegbare zerlegen? Mir begegnet keine Seele des Baums und keine Dryade, sondern er selber.

*

Stehe ich einem Menschen als meinem Du gegenüber, spreche das Grundwort Ich-Du zu ihm, ist er kein Ding unter Dingen und nicht aus Dingen bestehend.
Nicht Er oder Sie ist er, von andern Er und Sie begrenzt, im Weltnetz aus Raum und Zeit eingetragner Punkt; und nicht eine Beschaffenheit, erfahrbar, beschreibbar, lockeres Bündel benannter Eigenschaften. Sondern nachbarnlos und fugenlos ist er Du und füllt den Himmelskreis. Nicht als ob nichts andres wäre als er: aber alles andre lebt in *seinem* Licht.
Wie die Melodie nicht aus Tönen sich zusammensetzt, der Vers nicht aus Wörtern und die Bildsäule nicht aus Linien, man muß dran zerren und reißen, bis man die Einheit zur Vielheit zubereitet hat, so der Mensch, zu dem ich Du sage. Ich kann die Farbe seiner Haare oder die Farbe seiner Rede oder die Farbe seiner Güte aus ihm holen, ich muß es immer wieder; aber schon ist er nicht mehr Du.
Und wie das Gebet nicht in der Zeit ist, sondern die Zeit im Gebet, das Opfer nicht im Raum, sondern der Raum im Opfer, und wer das Verhältnis umkehrt, hebt die Wirklichkeit auf, so finde ich den Menschen, zu dem ich Du sage, nicht in einem Irgendwann und Irgendwo vor. Ich kann ihn hineinstellen, ich muß es immer wieder, aber nur noch einen Er oder eine Sie, ein Es, nicht mehr mein Du.
Solang der Himmel des Du über mir ausgespannt ist, kauern die Winde der Ursächlichkeit

an meinen Fersen, und der Wirbel des Verhängnisses gerinnt.
Den Menschen, zu dem ich Du sage, erfahre ich nicht. Aber ich stehe in der Beziehung zu ihm, im heiligen Grundwort. Erst wenn ich daraus trete, erfahre ich ihn wieder. Erfahrung ist Du-Ferne.
Beziehung kann bestehn, auch wenn der Mensch, zu dem ich Du sage, in seiner Erfahrung es nicht vernimmt. Denn Du ist mehr, als Es weiß. Du tut mehr, und ihm widerfährt mehr, als Es weiß. Hierher langt kein Trug: hier ist die Wiege des Wirklichen Lebens.

*

Das ist der ewige Ursprung der Kunst, daß einem Menschen Gestalt gegenübertritt und durch ihn Werk werden will. Keine Ausgeburt seiner Seele, sondern Erscheinung, die an sie tritt und von ihr die wirkende Kraft erheischt. Es kommt auf eine Wesenstat des Menschen an: vollzieht er sie, spricht er mit seinem Wesen das Grundwort zu der erscheinenden Gestalt, dann strömt die wirkende Kraft, das Werk entsteht.
Die Tat umfaßt ein Opfer und ein Wagnis. Das Opfer: Die unendliche Möglichkeit, die auf dem Altar der Gestalt dargebracht wird; alles, was eben noch spielend die Perspektive durchzog, muß ausgetilgt werden, nichts davon darf ins Werk dringen; so will es die Ausschließlichkeit des Gegenüber. Das Wagnis: Das Grundwort kann nur mit dem ganzen Wesen gesprochen

werden; wer sich drangibt, darf von sich nichts vorenthalten; und das Werk duldet nicht, wie Baum und Mensch, daß ich in der Entspannung der Es-Welt einkehre, sondern es waltet: - diene ich ihm nicht recht, so zerbricht es, oder es zerbricht mich.

Die Gestalt, die mir entgegentritt, kann ich nicht erfahren und nicht beschreiben; nur verwirklichen kann ich sie. Und doch schaue ich sie, im Glanz des Gegenüber strahlend, klarer als alle Klarheit der erfahrenen Welt. Nicht als ein Ding unter den »inneren« Dingen, nicht als ein Gebild der »Einbildung«, sondern als das Gegenwärtige. Auf die Gegenständlichkeit geprüft, ist die Gestalt gar nicht »da«; aber was wäre gegenwärtiger als sie? Und wirkliche Beziehung ist es, darin ich zu ihr stehe: sie wirkt an mir wie ich an ihr wirke.

Schaffen ist Schöpfen, Erfinden ist Finden. Gestaltung ist Entdeckung. Indem ich verwirkliche, decke ich auf. Ich führe die Gestalt hinüber - in die Welt des Es. Das geschaffene Werk ist ein Ding unter Dingen, als eine Summe von Eigenschaften erfahrbar und beschreibbar. Aber dem empfangend Schauenden kann es Mal um Mal leibhaft gegenübertreten.

*

- Was erfährt man also vom Du?
- Eben nichts. Denn man erfährt es nicht.
- Was weiß man also vom Du?

- Nur alles. Denn man weiß von ihm nichts Einzelnes mehr.

*

Das Du begegnet mir von Gnaden - durch Suchen wird es nicht gefunden. Aber daß ich zu ihm das Grundwort spreche, ist Tat meines Wesens, meine Wesenstat.

Das Du begegnet mir. Aber ich trete in die unmittelbare Beziehung zu ihm. So ist die Beziehung Erwähltwerden und Erwählen, Passion und Aktion in einem. Wie denn eine Aktion des ganzen Wesens, als die Aufhebung aller Teilhandlungen und somit aller - nur in deren Grenzhaftigkeit gegründeter - Handlungsempfindungen, der Passion ähnlich werden muß.

Das Grundwort Ich-Du kann nur mit dem ganzen Wesen gesprochen werden. Die Einsammlung und Verschmelzung zum ganzen Wesen kann nie durch mich, kann nie ohne mich geschehen. Ich werde am Du; Ich werdend spreche ich Du.

Alles wirkliche Leben ist Begegnung.

*

Die Beziehung zum Du ist unmittelbar. Zwischen Ich und Du steht keine Begrifflichkeit, kein Vorwissen und keine Phantasie; und das Gedächtnis selber verwandelt sich, da es aus der Einzelung in die Ganzheit stürzt. Zwischen Ich und Du steht kein Zweck, keine Gier und keine Vorwegnahme; und die Sehnsucht selber verwandelt sich, da sie aus dem Traum in die Erscheinung stürzt. Alles Mittel ist Hindernis. Nur wo alles Mittel zerfallen ist, geschieht die Begegnung.

*

Vor der Unmittelbarkeit der Beziehung wird alles Mittelbare unerheblich. Es ist auch unerheblich, ob mein Du das Es anderer Ich (»Objekt allgemeiner Erfahrung«) schon ist oder erst - eben durch die Auswirkung meiner Wesenstat - werden kann. Denn die eigentliche Grenze, freilich eine schwebende, schwingende, führt weder zwischen Erfahrung und Nichterfahrung, noch zwischen Gegebenem und Ungegebenem, noch zwischen Seinswelt und Wertwelt hin, sondern quer durch alle Bezirke zwischen Du und Es: zwischen Gegenwart und Gegenstand.

*

Gegenwart, nicht die punkthafte, die nur den jeweilig im Gedanken gesetzten Schluß der »abgelaufenen« Zeit, den Schein des festgehaltenen Ablaufs bezeichnet, sondern die wirkliche und erfüllte, gibt es nur insofern, als es Gegenwärtigkeit, Begegnung, Beziehung gibt. Nur dadurch, daß das Du gegenwärtig wird, entsteht Gegenwart.

Das Ich des Grundworts Ich-Es, das Ich also, dem nicht ein Du gegenüber leibt, sondern das von einer Vielheit von »Inhalten« umstanden ist, hat nur Vergangenheit, keine Gegenwart. Mit anderm Wort: insofern der Mensch sich an den Dingen genügen läßt, die er erfährt und gebraucht, lebt er in der Vergangenheit, und sein Augenblick ist ohne Präsenz. Er hat nichts als Gegenstände; Gegenstände aber bestehen im Gewesensein.

Gegenwart ist nicht das Flüchtige und Vorübergleitende, sondern das Gegenwartende und Gegenwährende. Gegenstand ist nicht die Dauer, sondern der Stillstand, das Innehalten, das Abbrechen, das Sichversteifen, die Abgehobenheit, die Beziehungslosigkeit, die Präsenzlosigkeit.

Wesenheiten werden in der Gegenwart gelebt, Gegenständlichkeiten in der Vergangenheit.

*

Diese grundhafte Zwiefältigkeit wird auch nicht durch die Anrufung einer »Ideenwelt« als eines Dritten und Übergegensätzlichen überwunden. Denn ich rede von nichts anderem als von dem wirklichen Menschen, dir und mir, von unserem Leben und unserer Welt, nicht von einem Ich an sich und nicht von einem Sein an sich. Für den wirklichen Menschen aber geht die eigentliche Grenze auch quer durch die Welt der Ideen.

Freilich, mancher, der sich in der Welt der Dinge damit begnügt, sie zu erfahren und zu gebrauchen, hat sich einen Ideen-Anbau oder -Überbau aufgerichtet, darin er vor der Anwandlung der

Nichtigkeit Zuflucht und Beruhigung findet. Er legt das Kleid des üblen Alltags an der Schwelle ab, hüllt sich in reines Linnen und erlabt sich am Anblick des Urseienden oder Seinsollenden, an dem sein Leben keinen Anteil hat. Auch mag ihm wohltun, es zu verkünden.
Aber die Es-Menschheit, die einer imaginiert, postuliert und propagiert, hat mit einer leibhaften Menschheit, zu der ein Mensch wahrhaft Du spricht, nichts gemein. Die edelste Fiktion ist ein Fetisch, die erhabenste Fiktivgesinnung ist ein Laster. Die Ideen thronen ebensowenig über unsern Köpfen, wie sie in ihnen hausen; sie wandeln unter uns und treten uns an; beklagenswert, wer das Grundwort ungesprochen läßt, aber erbärmlich, wer sie statt dessen mit einem Begriff oder einer Parole anredet, als wäre es ihr Name!

*

Daß die unmittelbare Beziehung ein Wirken am Gegenüber einschließt, ist an einem der drei Beispiele offenbar: die Wesenstat der Kunst bestimmt den Vorgang, in dem die Gestalt zum Werk wird. Das Gegenüber erfüllt sich durch die Begegnung, es tritt durch sie in die Welt der Dinge ein, unendlich fortzuwirken, unendlich Es, aber auch unendlich wieder Du zu werden, beglückend und befeuernd. Es »verkörpert sich«: sein Leib steigt aus der Flut der raum- und zeitlosen Gegenwart an das Ufer des Bestands.
Nicht so offenbar ist die Wirkensbedeutung an

der Beziehung zum Menschen-Du. Der Wesensakt, der hier die Unmittelbarkeit stiftet, wird gewöhnlich gefühlhaft verstanden und damit verkannt. Gefühle begleiten das metaphysische und metapsychische Faktum der Liebe, aber sie machen es nicht aus; und die Gefühle, die es begleiten, können sehr verschiedener Art sein. Das Gefühl Jesu zum Besessenen ist ein andres als das Gefühl zum Lieblingsjünger; aber die Liebe ist eine. Gefühle werden »gehabt«; die Liebe geschieht. Gefühle wohnen im Menschen; aber der Mensch wohnt in seiner Liebe. Das ist keine Metapher, sondern die Wirklichkeit: die Liebe haftet dem Ich nicht an, so daß sie das Du nur zum »Inhalt«, zum Gegenstand hätte; sie ist *zwischen* Ich und Du. Wer dies nicht weiß, mit dem Wesen weiß, kennt die Liebe nicht, ob er auch die Gefühle, die er erlebt, erfährt, genießt und äußert, ihr zurechnen mag. Liebe ist ein welthaftes Wirken. Wer in ihr steht, in ihr schaut, dem lösen sich Menschen aus ihrer Verflochtenheit ins Getriebe; Gute und Böse, Kluge und Törichte, Schöne und Häßliche, einer um den andern wird ihm wirklich und zum Du, das ist, losgemacht, herausgetreten, einzig und gegenüber wesend; Ausschließlichkeit ersteht wunderbar Mal um Mal - und so kann er wirken, kann helfen, heilen, erziehen, erheben, erlösen. Liebe ist Verantwortung eines Ich für ein Du: hierin besteht, die in keinerlei Gefühl bestehen kann, die Gleichheit aller Liebenden, vom kleinsten bis zum größten und von dem selig Geborgnen, dem sein Leben in dem eines geliebten

Menschen beschlossen ist, zu dem lebelang ans Kreuz der Welt Geschlagnen, der das Ungeheure vermag und wagt: *die Menschen* zu lieben. Im Geheimnis verbleibe die Wirkensbedeutung im dritten Beispiel, dem von der Kreatur und ihrer Anschauung. Glaub an die schlichte Magie des Lebens, an den Dienst im All, und es wird dir aufgehn, was jenes Harren, Ausschaun, »Kopfvorstrecken« der Kreatur meint. Jedes Wort würde fälschen; aber sieh, die Wesen leben um dich her, und auf welches du zugehst, du kommst immer zum Wesen.

*

Beziehung ist Gegenseitigkeit. Mein Du wirkt an mir, wie ich an ihm wirke. Unsre Schüler bilden uns, unsre Werke bauen uns auf. Der »Böse« wird offenbarend, wenn ihn das heilige Grundwort berührt. Wie werden wir von Kindern, wie von Tieren erzogen! Unerforschlich einbegriffen leben wir in der strömenden All-Gegenseitigkeit.

*

- Du redest von der Liebe, als wäre sie die einzige Beziehung zwischen Menschen; aber darfst du sie auch nur als das Beispiel gerechterweise wählen, da es doch den Haß gibt?
- Solange die Liebe »blind« ist, das heißt: solang sie nicht ein *ganzes* Wesen sieht, steht sie noch nicht wahrhaft unter dem Grundwort der Beziehung. Der Haß bleibt seiner Natur nach blind;

nur einen Teil eines Wesens kann man hassen. Wer ein ganzes Wesen sieht und es ablehnen muß, ist nicht mehr im Reich des Hasses, sondern in dem der menschhaften Einschränkung des Dusagenkönnens. Daß dem Menschen widerfährt, zu seinem menschlichen Gegenüber das Grundwort, das stets eine Bejahung des angesprochenen Wesens einschließt, nicht sprechen zu können, entweder den andern oder sich selbst ablehnen zu müssen: das ist die Schranke, an der das In-Beziehung-treten seine Relativität erkennt und die erst mit dieser aufgehoben wird.
Doch der unmittelbar Hassende ist der Beziehung näher als der Lieb- und Haßlose.

*

Das aber ist die erhabene Schwermut unsres Loses, daß jedes Du in unsrer Welt zum Es werden muß. So ausschließlich gegenwärtig es in der unmittelbaren Beziehung war: sowie sie sich ausgewirkt hat oder vom Mittel durchsetzt worden ist, wird es zum Gegenstand unter Gegenständen, zum vornehmsten etwa, dennoch zu einem von ihnen, in Maß und Grenze gesetzt. Am Werk bedeutet Verwirklichung im einen Entwirklichung im anderen Sinn. Echte Anschauung ist kurz bemessen; das Naturwesen, das sich mir eben erst im Geheimnis der Wechselwirkung erschloß, ist nun wieder beschreibbar, zerlegbar, einreihbar geworden, der Schnittpunkt vielfältiger Gesetzeskreise. Und die Liebe selber kann nicht in der unmittelbaren Beziehung verharren; sie dauert, aber im Wechsel von Aktualität und Latenz. Der Mensch, der eben noch einzig und unbeschaffen, nicht vorhanden, nur gegenwärtig, nicht erfahrbar, nur berührbar war, ist nun wieder ein Er oder eine Sie, eine Summe von Eigenschaften, ein figurhaftes Quantum geworden. Nun kann ich aus ihm wieder die Farbe seiner Haare, die seiner Rede, die seiner Güte holen; aber solang ich es kann, ist er mein Du nicht mehr und noch nicht wieder.

Jedem Du in der Welt ist seinem Wesen nach verhängt, Ding zu werden oder doch immer wieder in die Dinghaftigkeit einzugehn. In der gegenständlichen Sprache wäre zu sagen: jedes Ding in der Welt kann, entweder vor oder nach seiner Dingwerdung, einem Ich als sein Du erscheinen. Aber die gegenständliche Sprache erhascht nur einen Zipfel des wirklichen Lebens.

Das Es ist die Puppe, das Du der Falter. Nur daß es nicht immer Zustände sind, die einander reinlich ablösen, sondern oft ein in tiefer Zwiefalt wirr verschlungnes Geschehen.

*

Im Anfang ist die Beziehung.

Man betrachte die Sprache der »Primitiven«, das heißt jener Völker, die gegenstandsarm geblieben sind und deren Leben sich in einem schmalen Umkreis gegenwartsstarker Akte aufbaut. Die Zellkerne dieser Sprache, die Satzworte, vor-

grammatische Urgebilde, aus deren Sprengung die Mannigfaltigkeit der Wörterarten entsteht, bezeichnen zumeist die Ganzheit einer Beziehung. Wir sagen: »weit fort«, der Zulu sagt dafür ein Satzwort, das bedeutet: »da wo einer aufschreit: ›o Mutter, ich bin verloren‹«; und der Feuerländer überflügelt unsre analytische Weisheit mit einem siebensilbigen Satzwort, dessen genauer Sinn ist: »man blickt einander an, jeder erwartend, daß der andre sich erbiete zu tun, was beide wünschen, aber nicht tun mögen«. In dieser Ganzheit sind die Personen, die substantivischen und die pronominalen, noch reliefhaft, ohne gerundete Selbständigkeit, eingebettet. Es kommt nicht auf diese Produkte der Zerlegung und Überlegung, es kommt auf die wahre ursprüngliche Einheit, die gelebte Beziehung an.
Wir grüßen den uns Begegnenden, indem wir ihm Gutes wünschen oder ihn unsrer Ergebenheit versichern oder ihn Gott anempfehlen. Aber wie mittelbar sind diese abgescheuerten Formeln (was ahnt man noch in »Heil!« von der ursprünglichen Machtverleihung!) gegen den ewig jungen, leiblichen Beziehungsgruß des Kaffern: »Ich sehe dich!« oder dessen amerikanische Variante, das lächerliche und sublime »Rieche mich!«.
Man darf vermuten, daß sich die Beziehungen und Begriffe, aber auch die Vorstellungen von Personen und Dingen aus Vorstellungen von Beziehungsvorgängen und Beziehungszuständen herausgelöst haben. Die elementaren, geistweckenden Eindrücke und Erregungen des »Natur-

menschen« sind die von Beziehungsvorgängen, Erleben eines Gegenüber, und Beziehungszuständen, Leben mit einem Gegenüber, herrührenden. Über den Mond, den er allnächtlich sieht, macht er sich keine Gedanken, bis der, im Schlaf oder im Wachen, leiblich auf ihn zu, ihm nahe kommt, ihn mit Gebärden bezaubert oder ihm mit Berührungen etwas antut, Schlimmes oder Süßes. Davon behält er nicht etwa die optische Vorstellung der wandernden Lichtscheibe und auch nicht die eines ihr irgendwie zugehörigen dämonischen Wesens, sondern zunächst nur das motorische, den Leib durchströmende *Erregungsbild* jenes Mondwirkens, woraus sich das Personbild des wirkenden Monds erst allmählich distanziert: jetzt erst nämlich beginnt das Gedächtnis des allnächtlich Aufgenommenen und Ungewußten sich zum Vorstellen des Täters und Trägers jener Wirkung zu entzünden und seine Vergegenständlichung, das Er- oder Sie-Werden eines ursprünglich unerfahrbaren, nur eben erlittenen Du zu ermöglichen.
Aus diesem anfänglichen und lang fortwirkenden Beziehungscharakter aller wesentlichen Erscheinung wird auch ein von der gegenwärtigen Forschung viel beachtetes und besprochenes, aber noch nicht hinlänglich erfaßtes geistiges Element des primitiven Lebens verständlicher, jene geheimnisvolle Macht, deren Begriff in mancherlei Abwandlungen in dem Glaubensbestand oder der Wissenschaft (beide sind hier noch eins) vieler Naturvölker aufgefunden worden ist, jenes

Mana oder Orenda, von dem ein Weg bis zum Brahman in seiner Urbedeutung und noch bis zu den Dynamis, Charis der Zauberpapyri und der apostolischen Briefe führt. Man hat es als eine übersinnliche und übernatürliche Kraft bezeichnet, beides von unseren Kategorien aus, die denen des Primitiven nicht gerecht werden. Die Grenzen seiner Welt zieht sein leibliches Erleben, zu dem etwa die Besuche der Toten völlig »natürlich« gehören; Unsinnliches als vorhanden anzunehmen muß ihn widersinnig dünken. Die Erscheinungen, denen er die »mystische Potenz« zuschreibt, sind alle elementaren Beziehungsvorgänge, also überhaupt alle Vorgänge, über die er sich Gedanken macht, weil sie seinen Leib erregen und ein Erregungsbild in ihm hinterlassen. Der Mond und der Tote, die ihn nachts mit Pein oder Wollust heimsuchen, haben jene Potenz, aber auch die Sonne, die ihn brennt, und das Tier, das ihn anheult, der Häuptling, dessen Blick ihn zwingt, und der Schamane, dessen Gesang ihn zur Jagd mit Kraft lädt. Mana ist eben das Wirkende, das, was die Mondperson da drüben am Himmel zum blutbewegenden Du gemacht hat, und dessen Erinnerungsspur blieb, als aus dem Erregungsbild das Gegenstandsbild sich ablöste, wiewohl es selber nie anders als in dem Täter und Träger einer Wirkung erscheint; es ist das, womit man, wenn man es, etwa in einem wunderbaren Stein, besitzt, selber so wirken kann. Das »Weltbild« des Primitiven ist magisch, nicht weil die menschliche Zauberkraft in dessen Mitte stünde, sondern weil diese nur eine besondre Abart der allgemeinen ist, der alle wesentliche Wirkung entstammt. Die Kausalität seines Weltbilds ist kein Kontinuum, sie ist ein immer neues Aufblitzen, Ausfahren und Sichhinwirken der Kraft, eine vulkanische Bewegung ohne Zusammenhang. Mana ist eine primitive Abstraktion, vermutlich primitiver als etwa die Zahl, aber nicht übernatürlicher als sie. Die sich schulende Erinnerung reiht die großen Beziehungsereignisse, die elementaren Erschütterungen aneinander; das für den Erhaltungstrieb Wichtigste und für den Erkenntnistrieb Merkwürdigste, eben das »Wirkende«, tritt am stärksten hervor, hebt sich ab, verselbständigt sich; das Unwichtigere, das Ungemeinsame, das wechselnde Du der Erlebnisse tritt zurück, bleibt isoliert im Gedächtnis, vergegenständlicht sich allmählich und schließt sich sehr allmählich zu Gruppen, zu Gattungen zusammen; und als Drittes, schaurig in seiner Abgelöstheit, zuweilen spukhafter als der Tote und der Mond, aber immer unabweisbarer deutlich, erhebt sich der andere, der »gleichbleibende« Partner: »Ich«.

Dem ursprünglichen Walten des »Selbst«-Erhaltungstriebs haftet das Ichbewußtsein ebensowenig an wie dem der anderen Triebe; nicht das Ich will sich da fortpflanzen, sondern der Leib, der noch von keinem Ich weiß; nicht das Ich, sondern er will Dinge machen, Werkzeug, Spielzeug, will »Urheber« sein; und auch in der primitiven Erkenntnisfunktion ist ein cognosco ergo sum in noch so naiver Gestalt, die noch so kindliche Konzeption eines erfahrenden Subjekts unauffindbar. Das Ich tritt aus der Zerscheidung der Urerlebnisse, der vitalen Urworte Ich-wirkend-Du und Du-wirkend-Ich, nach der Substantivierung, Hypostasierung des Partizips, elementhaft hervor.

*

Der fundamentale Unterschied zwischen den zwei Grundworten kommt in der Geistesgeschichte des Primitiven darin zutage, daß er schon in dem ursprünglichen Beziehungsereignis das Grundwort Ich-Du auf naturhafte, gleichsam vorgestaltliche Weise spricht, also ehe er sich als Ich erkannt hat, wogegen das Grundwort Ich-Es überhaupt erst durch diese Erkenntnis, durch die Ablösung des Ich möglich wird.

Das erste zerlegt sich wohl in Ich und Du, aber es ist nicht aus ihrer Zusammenlegung entstanden, es ist vorichhaft; das zweite ist aus der Zusammenlegung von Ich und Es entstanden, es ist nachichhaft.

Im primitiven Beziehungsereignis ist das Ich eingeschlossen: durch dessen Ausschließlichkeit. Indem es in ihm nämlich seinem Wesen nach nur die zwei Partner, den Menschen und sein Gegenüber, in ihrer vollen Aktualität gibt, indem die Welt in ihm zum dualen System wird, verspürt der Mensch darin schon jene kosmische Pathetik des Ich, ohne noch dessen selbst innezuwerden.

Dagegen ist in der naturhaften Tatsache, die in

das Grundwort Ich-Es, das ichbezogene Erfahren, übergehen wird, das Ich noch nicht eingeschlossen. Diese Tatsache ist die Abgehobenheit des menschlichen Leibes, als des Trägers seiner Empfindungen, von seiner Umwelt. Der Leib lernt sich in dieser seiner Eigentümlichkeit kennen und unterscheiden, aber die Unterscheidung verbleibt im reinen Nebeneinander, und so kann sie den Charakter der implizierten Ichhaftigkeit nicht annehmen.

Aber wenn das Ich der Beziehung hervorgetreten und in seiner Abgelöstheit existent geworden ist, fährt es auch, sich seltsam verdünnend und funktionalisierend, in die naturhafte Tatsache der Abgehobenheit des Leibes von seiner Umwelt und erweckt die Ichhaftigkeit darin. Jetzt erst kann der bewußte Ichakt, die erste Gestalt des Grundworts Ich-Es, des ichbezogenen Erfahrens entstehen: das hervorgetretene Ich erklärt sich als den Träger der Empfindungen, die Umwelt als deren Gegenstand. Das geschieht freilich eben in »primitiver« und nicht in »erkenntnistheoretischer« Form; aber ist der Satz »Ich sehe den Baum« erst so ausgesprochen, daß er nicht mehr eine Beziehung zwischen Menschen-Ich und Baum-Du erzählt, sondern die Wahrnehmung des Baum-Gegenstands durch das Menschen-Bewußtsein feststellt, hat er schon die Schranke zwischen Subjekt und Objekt aufgerichtet; das Grundwort Ich-Es, das Wort der Trennung, ist gesprochen.

*

- So wäre denn jene Schwermut unsres Loses eine urgeschichtlich gewordene?
- Eine gewordene wohl: insofern das bewußte Leben des Menschen ein urgeschichtlich gewordenes ist. Aber in dem bewußten Leben kehrt nur welthaftes Sein als menschliches Werden wieder. Der Geist erscheint in der Zeit als Erzeugnis, ja als Nebenprodukt der Natur, und doch ist eben er es, der sie zeitlos umhüllt.
Der Gegensatz der zwei Grundworte hat in den Zeiten und Welten viele Namen; aber in seiner namenlosen Wahrheit inhäriert er der Schöpfung.

*

- So glaubst du aber doch an ein Paradies in der Urzeit der Menschheit?
- Mag sie eine Hölle gewesen sein - und sicherlich war die, auf die ich im geschichtlichen Denken zurückzugehen vermag, voll Grimm und Angst und Qual und Grausamkeit -: unwirklich war sie nicht.
Die Begegnungserlebnisse des Urmenschen waren gewiß nicht zahmes Wohlgefallen; aber besser noch Gewalt am real erlebten Wesen, als die gespenstische Fürsorge an antlitzlosen Nummern! Von jener führt ein Weg zu Gott, von dieser nur der ins Nichts.

*

Der Primitive, dessen Leben, auch wenn wir es völlig zu erschließen vermöchten, uns das des wirklichen Urmenschen nur wie im Gleichnis darstellen kann, eröffnet uns nur kurze Durchblicke in den zeitlichen Zusammenhang der beiden Grundworte. Vollständigere Kunde empfangen wir vom Kind.

Daß die geistige Realität der Grundworte sich aus einer naturhaften erhebt, die des Grundworts Ich-Du aus der naturhaften Verbundenheit, die des Grundworts Ich-Es aus der naturhaften Abgehobenheit, wird uns hier unverschleiert klar.

Das vorgeburtliche Leben des Kindes ist eine reine naturhafte Verbundenheit, Zueinanderfließen, leibliche Wechselwirkung; wobei der Lebenshorizont des werdenden Wesens in einzigartiger Weise in den des tragenden eingezeichnet und doch auch wieder nicht eingezeichnet erscheint; denn es ruht nicht im Schoß der Menschenmutter allein. Diese Verbundenheit ist so welthaft, daß es wie das unvollkommene Ablesen einer urzeitlichen Inschrift anmutet, wenn es in der jüdischen Mythensprache heißt, im Mutterleib wisse der Mensch das All, in der Geburt vergesse er es. Und sie bleibt ihm ja als geheimes Wunschbild eingetan. Nicht als ob seine Sehnsucht ein Zurückverlangen meinte, wie jene wähnen, die im Geist, ihn mit ihrem Intellekt verwechselnd, einen Parasiten der Natur sehen: der vielmehr ihre - nur freilich allerlei Krankheiten ausgesetzte - Blüte ist. Sondern die Sehnsucht geht nach der welthaften Verbundenheit des zum Geiste aufgebrochenen Wesens mit seinem wahren Du.

Jedes werdende Menschenkind ruht, wie alles werdende Wesen, im Schoß der großen Mutter: der ungeschieden vorgestaltigen Urwelt. Von ihr auch löst es sich ins persönliche Leben, und nur noch in den dunkeln Stunden, da wir diesem entgleiten (das widerfährt freilich auch dem Gesunden Nacht um Nacht), sind wir ihr wieder nah. Aber jene Ablösung geschieht nicht, wie die von der leiblichen Mutter, plötzlich und katastrophal; es ist dem Menschenkind Frist gewährt, für die verlorengehende naturhafte Verbundenheit mit der Welt geisthafte, das ist Beziehung, einzutauschen. Es ist aus der glühenden Finsternis des Chaos in die kühle, lichte Schöpfung getreten, aber es hat die noch nicht, es muß sie erst recht eigentlich herausholen und sich zur Wirklichkeit machen, es muß sich seine Welt erschauen, erhorchen, ertasten, erbilden. Die Schöpfung offenbart ihre Gestaltigkeit in der Begegnung; sie schüttet sich nicht in wartende Sinne, sie hebt sich den fassenden entgegen. Was den fertigen Menschen als gewohnter Gegenstand umspielen wird, muß vom entstehenden in angestrengter Handlung erworben, umworben werden; kein Ding ist Bestandteil einer Erfahrung, keins erschließt sich anders als in der wechselwirkenden Kraft des Gegenüber. Wie der Primitive, so lebt das Kind zwischen Schlaf und Schlaf (auch ein großer Teil des Wachens ist da noch Schlaf), im Blitz und Widerblitz der Begegnung.
Die Ursprünglichkeit des Beziehungsstrebens zeigt sich schon auf der frühesten, dumpfsten Stu-

fe. Ehe Einzelnes wahrgenommen werden kann, stoßen die blöden Blicke in den ungeklärten Raum, einem Unbestimmten zu; und in Zeiten, wo ersichtlich kein Begehren nach Nahrung besteht, allem Anschein nach zwecklos, suchen, greifen die weichen Handentwürfe in die leere Luft, einem Unbestimmten entgegen. Mag man dies immerhin animalisch nennen, es ist nichts damit begriffen. Denn eben diese Blicke werden nach langen Proben auf einer roten Tapetenarabeske haften bleiben und sich nicht losmachen, bis die Rotseele sich ihnen aufgetan hat; eben diese Bewegung wird an einem zottigen Spielbären ihre sinnliche Form und Bestimmtheit gewinnen und eines vollständigen Körpers liebevoll und unvergeßlich innewerden; beides nicht Erfahrung eines Gegenstands, sondern Auseinandersetzung mit einem - freilich nur in der »Phantasie« - lebendig wirkenden Gegenüber. (Diese »Phantasie« ist aber durchaus keine »Allbeseelung«; sie ist der Trieb, sich alles zum Du zu machen, der Trieb zur Allbeziehung, der, wo ihm kein lebendig wirkendes Gegenüber, sondern dessen bloßes Abbild oder Symbol gegeben ist, das lebendige Wirken aus der eignen Fülle ergänzt.) Noch ertönen kleine, ungegliederte Laute sinnlos und beharrlich ins Nichts; aber eben sie werden eines Tags, unversehens, zum Gespräch geworden sein, womit wohl? vielleicht mit dem brodelnden Teekessel, aber zum Gespräch. Manche Regung, die Reflex heißt, ist eine feste Kelle beim Weltbau der Person. Es ist eben nicht so, daß das

Kind erst einen Gegenstand wahrnähme, dann etwa sich dazu in Beziehung setzte; sondern das Beziehungsstreben ist das erste, die aufgewölbte Hand, in die sich das Gegenüber schmiegt; die Beziehung zu diesem, eine wortlose Vorgestalt des Dusagens, das zweite; das Dingwerden aber ein spätes Produkt, aus der Zerscheidung der Urerlebnisse, der Trennung der verbundnen Partner hervorgegangen - wie das Ichwerden. Im Anfang ist die Beziehung: als Kategorie des Wesens, als Bereitschaft, fassende Form, Seelenmodel; das Apriori der Beziehung; *das eingeborene Du.*

Die erlebten Beziehungen sind Realisierungen des eingeborenen Du am begegnenden; daß dieses als Gegenüber gefaßt, in der Ausschließlichkeit aufgenommen, endlich mit dem Grundwort angesprochen werden kann, ist im Apriori der Beziehung begründet.

In dem Kontakttrieb (Trieb zunächst nach taktiler, sodann nach optischer »Berührung« eines andern Wesens) wirkt sich das eingeborene Du sehr bald aus, so daß er immer deutlicher die Gegenseitigkeit, die »Zärtlichkeit« meint; aber auch der später einsetzende Urhebertrieb (Trieb nach Herstellung von Dingen auf synthetischem oder, wo dies nicht angeht, auf analytischem Weg: durch Zerlegung, Zerreißung) wird dadurch bestimmt, so daß eine »Personifizierung« des Gemachten, ein »Gespräch« entsteht. Die Entwicklung der Seele im Kinde hängt unauflösbar zusammen mit der des Verlangens nach dem

Du, den Erfüllungen und Enttäuschungen dieses Verlangens, dem Spiel seiner Experimente und dem tragischen Ernst seiner Ratlosigkeit. Das echte Verständnis dieser Phänomene, durch jeden Versuch, sie auf engere Sphären zurückzuführen, beeinträchtigt, kann nur gefördert werden, wenn man bei ihrer Betrachtung und Erörterung ihres kosmisch-metakosmischen Ursprungs eingedenk bleibt: des Hinauslangens aus der ungeschieden vorgestaltigen Urwelt, aus der wohl schon das in die Welt geborene körperliche Individuum, aber noch nicht das leibliche, das aktualisierte, das Wesen völlig getreten ist, aus der dieses sich vielmehr erst allmählich, eben durch das Eingehen in Beziehungen, herauswickeln muß.

*

Der Mensch wird am Du zum Ich. Gegenüber kommt und entschwindet, Beziehungsereignisse verdichten sich und zerstieben, und im Wechsel klärt sich, von Mal zu Mal wachsend, das Bewußtsein des gleichbleibenden Partners, das Ichbewußtsein. Zwar immer noch erscheint es nur im Gewebe der Beziehung, in der Relation zum Du, als Erkennbarwerden dessen, das nach dem Du langt und es nicht ist, aber immer kräftiger hervorbrechend, bis einmal die Bindung gesprengt ist und das Ich sich selbst, dem abgelösten, einen Augenblick lang wie einem Du gegenübersteht, um alsbald von sich Besitz zu ergreifen und fortan in seiner Bewußtheit in die Beziehungen zu treten.

Nun aber erst kann sich das andre Grundwort zusammenfügen. Denn wohl verblaßte immer das Du der Beziehung wieder, aber es wurde damit nicht zum Es eines Ich, nicht zum Gegenstand eines unverbundenen Wahrnehmens und Erfahrens, wie es fortan werden wird, sondern gleichsam zum Es für sich, zum vorerst Unbeachteten und der Erstehung in neuem Beziehungsereignis Harrenden. Und wohl hob sich der zum Leib reifende Körper als Träger seiner Empfindungen und Vollstrecker seiner Antriebe von der Umwelt ab, aber nur im Nebeneinander des Sichzurechtfindens, nicht in der absoluten Sonderung von Ich und Gegenstand. Nun aber tritt das abgelöste Ich, verwandelt: aus der substantiellen Fülle zur funktionalen Punkthaftigkeit eines erfahrenden und gebrauchenden Subjekts verschrumpft, an all das »Es für sich« hin, bemächtigt sich seiner und setzt sich mit ihm zum andern Grundwort zusammen. Der ichhaft gewordene Mensch, der Ich-Es sagt, stellt sich vor den Dingen auf, nicht ihnen gegenüber im Strom der Wechselwirkung; mit der objektivierenden Lupe seines Nahblicks über die einzelnen gebeugt oder mit dem objektivierenden Feldstecher seines Fernblicks sie zur Szenerie zusammenordnend, sie in der Betrachtung isolierend ohne Ausschließlichkeitsgefühl oder sie in der Betrachtung verknüpfend ohne Weltgefühl - jenes könnte er nur in der Beziehung, dieses nur von ihr aus finden. Nun erst erfährt er die Dinge als Summen von Eigenschaften: Eigenschaften waren wohl aus jedem Beziehungserlebnis, dessen erinnertem Du zugehörig, in seinem Gedächtnis verblieben, aber nun erst bauen sich ihm die Dinge aus ihren Eigenschaften auf; nur aus dem Gedächtnis der Beziehung, traumhaft oder bildhaft oder gedankenhaft je nach der Art dieses Menschen, ergänzt er den Kern, der sich im Du gewaltig, alle Eigenschaften umschließend offenbarte, die Substanz. Nun erst aber auch stellt er die Dinge in einen räumlich-zeitlich-ursächlichen Zusammenhang, nun erst bekommt jedes seinen Platz, seinen Ablauf, seine Meßbarkeit, seine Bedingtheit. Das Du erscheint zwar im Raum, aber eben in dem des ausschließlichen Gegenüber, darin alles andre nur der Hintergrund, aus dem es hervortaucht, nicht seine Grenze und sein Maß sein kann; es erscheint in der Zeit, aber in der des in sich erfüllten Vorgangs, der nicht als Teilstück einer steten und festgegliederten Folge, sondern in einer »Weile« gelebt wird, deren rein intensive Dimension nur von ihm selbst aus bestimmbar ist; es erscheint zugleich als wirkend und als Wirkung empfangend, nicht aber eingefügt einer Kette von Verursachungen, sondern in seiner Wechselwirkung mit dem Ich Anfang und Ende des Geschehens. Dies gehört zur Grundwahrheit der menschlichen Welt: Nur Es kann geordnet werden. Erst indem die Dinge aus unsrem Du zu unsrem Es werden, werden sie koordinierbar. Das Du kennt kein Koordinatensystem.

Aber da wir hierher gelangt sind, tut es not, auch das andere auszusprechen, ohne welches dieses

Stück der Grundwahrheit untaugliches Bruchstück wäre: Geordnete Welt ist nicht die Weltordnung. Es gibt Augenblicke des verschwiegnen Grundes, in denen Weltordnung geschaut wird, als Gegenwart. Da wird im Flug der Ton vernommen, dessen undeutbares Notenbild die geordnete Welt ist. Diese Augenblicke sind unsterblich, diese sind die vergänglichsten: kein Inhalt kann aus ihnen bewahrt werden, aber ihre Kraft geht in die Schöpfung und in die Erkenntnis des Menschen ein, Strahlen ihrer Kraft dringen in die geordnete Welt und schmelzen sie wieder und wieder auf. So die Geschichte des Einzelnen, so die des Geschlechts.

*

Die Welt ist dem Menschen zwiefältig nach seiner zwiefältigen Haltung.
Er nimmt das Sein um sich herum wahr, Dinge schlechthin und Wesen als Dinge, er nimmt das Geschehen um sich herum wahr, Vorgänge schlechthin und Handlungen als Vorgänge, Dinge aus Eigenschaften, Vorgänge aus Momenten bestehend, Dinge ins Raumnetz, Vorgänge ins Zeitnetz eingetragen, Dinge und Vorgänge von andern Dingen und Vorgängen eingegrenzt, an ihnen meßbar, mit ihnen vergleichbar, geordnete Welt, abgetrennte Welt. Diese Welt ist einigermaßen zuverlässig, sie hat Dichte und Dauer, ihre Gliederung läßt sich überschauen, man kann sie immer wieder hervorholen, man repetiert sie

mit geschlossenen Augen und prüft mit geöffneten nach; sie steht ja da, deiner Haut anliegend, wenn dus annimmst, in deiner Seele eingekauert, wenn dus so vorziehst, sie ist ja dein Gegenstand, sie bleibt es nach deinem Gefallen, und bleibt dir urfremd, außer und in dir. Du nimmst sie wahr, nimmst sie dir zur »Wahrheit«, sie läßt sich von dir nehmen, aber sie gibt sich dir nicht. Nur über sie kannst du dich mit andern »verständigen«, sie ist, ob sie auch sich jedem anders anbildet, bereit, euch gemeinsam Gegenstand zu sein, aber du kannst andern nicht in ihr begegnen. Du kannst ohne sie nicht im Leben beharren, ihre Zuverlässigkeit erhält dich, aber stürbest du in sie hinein, so wärst du im Nichts begraben.
Oder der Mensch begegnet dem Sein und Werden als seinem Gegenüber, immer nur *einer* Wesenheit und jedem Ding nur als Wesenheit; was da ist, erschließt sich ihm im Geschehen, und was da geschieht, widerfährt ihm als Sein; nichts andres ist gegenwärtig als dies eine, aber dies eine welthaft; Maß und Vergleich sind entwichen; es liegt an dir, wieviel des Unermeßlichen dir zur Wirklichkeit wird. Die Begegnungen ordnen sich nicht zur Welt, aber jede ist dir ein Zeichen der Weltordnung. Sie sind untereinander nicht verbunden, aber jede verbürgt dir deine Verbundenheit mit der Welt. Die Welt, die dir so erscheint, ist unzuverlässig, denn sie erscheint dir stets neu, und du darfst sie nicht beim Wort nehmen; sie ist undicht, denn alles durchdringt in ihr alles; dauerlos, denn sie kommt auch ungerufen und ent-

schwindet auch festgehalten; sie ist unübersehbar: willst du sie übersehbar machen, verlierst du sie. Sie kommt, und kommt dich hervorlangen; erreicht sie dich nicht, begegnet sie dir nicht, so entschwindet sie; aber sie kommt wieder, verwandelt. Sie steht nicht außer dir, sie rührt an deinen Grund, und sagst du »Seele meiner Seele«, hast du nicht zuviel gesagt: aber hüte dich, sie in deine Seele versetzen zu wollen - da vernichtest du sie. Sie ist deine Gegenwart: nur indem du sie hast, hast du Gegenwart; und du kannst sie dir zum Gegenstand machen, sie zu erfahren und zu gebrauchen, du mußt es immer wieder tun, und hast nun keine Gegenwart mehr. Zwischen dir und ihr ist Gegenseitigkeit des Gebens; du sagst Du zu ihr und gibst dich ihr, sie sagt Du zu dir und gibt sich dir. Über sie kannst du dich mit andern nicht verständigen, du bist einsam mit ihr; aber sie lehrt dich andern begegnen und ihrer Begegnung standhalten; und sie führt dich, durch die Huld ihrer Ankünfte und durch die Wehmut ihrer Abschiede, zu dem Du hin, in dem die Linien der Beziehungen, die parallelen, sich schneiden. Sie hilft dir nicht, dich im Leben zu erhalten, hilft dir nur, die Ewigkeit zu ahnen.

*

Die Eswelt hat Zusammenhang im Raum und in der Zeit.

Die Duwelt hat in Raum und Zeit keinen Zusammenhang.

Das einzelne Du *muß*, nach Ablauf des Beziehungsvorgangs, zu einem Es werden.
Das einzelne Es *kann*, durch Eintritt in den Beziehungsvorgang, zu einem Du werden.
Dies sind die zwei Grundprivilegien der Eswelt. Sie bewegen den Menschen, die Eswelt als die Welt anzusehn, in der man zu leben hat und in der sich auch leben läßt, ja die einem auch mit allerlei Anreizen und Erregungen, Betätigungen und Erkenntnissen aufwartet. Die Du-Momente erscheinen in dieser festen und zuträglichen Chronik als wunderliche lyrisch-dramatische Episoden, von einem verführenden Zauber wohl, aber gefährlich ins Äußerste reißend, den erprobten Zusammenhang lockernd, mehr Frage als Zufriedenheit hinterlassend, die Sicherheit erschütternd, eben unheimlich, und eben unentbehrlich. Da man aus ihnen doch in »die Welt« zurückkehren muß, warum nicht in ihr verbleiben? Warum das Gegenübertretende nicht zur Ordnung rufen und in die Gegenständlichkeit heimsenden? Warum, wenn man nun einmal, etwa zu Vater, Weib, Gefährten, Du zu sagen nicht umhin kann, warum nicht Du sagen und Es meinen? Den Laut Du mit den Lautwerkzeugen hervorbringen heißt ja beileibe noch nicht das unheimliche Grundwort sprechen; ja, auch ein verliebtes Du mit der Seele flüstern ist ungefährlich, solange man nur ernstlich nichts anderes meint als: erfahren und gebrauchen.
In bloßer Gegenwart läßt sich nicht leben, sie würde einen aufzehren, wenn da nicht vorgesorgt

wäre, daß sie rasch und gründlich überwunden wird. Aber in bloßer Vergangenheit läßt sich leben, ja nur in ihr läßt sich ein Leben einrichten. Man braucht nur jeden Augenblick mit Erfahren und Gebrauchen zu füllen, und er brennt nicht mehr.

Und in allem Ernst der Wahrheit, du: ohne Es kann der Mensch nicht leben. Aber wer mit ihm allein lebt, ist nicht der Mensch.

ZWEITER TEIL

Die Geschichte des Einzelnen und die der Menschengattung stimmen, worin immer sie auseinandergehen mögen, in dem einen jedenfalls überein, daß sie eine fortschreitende Zunahme der Eswelt bedeuten.
Das wird für die Geschichte der Gattung bezweifelt; man weist darauf hin, daß die einander ablösenden Reiche der Kultur jeweilig mit einer, wenn auch verschiedenartig gefärbten, so doch gleichartig gebauten Primitivität und ihr gemäß mit einer kleinen Gegenstandswelt beginnen; es würde somit dem Leben des Individuums nicht das der Gattung, sondern das der einzelnen Kultur entsprechen. Aber, wenn man von den isoliert scheinenden absieht: die unter dem geschichtlichen Einfluß anderer stehenden Kulturen übernehmen in einem bestimmten - nicht ganz frühen, dem Zeitalter der Höhe jedoch vorausgehenden - Stadium die Eswelt jener, sei es durch unmittelbares Empfangen der noch gleichzeitigen, wie das Griechentum die ägyptische, sei es durch mittelbares der vergangenen, wie die abendländische Christenheit die griechische empfing: sie vergrößern ihre Eswelt nicht bloß durch eigne Erfahrung, sondern auch durch die aufgenommenen Zuflüsse von fremder; und nun erst vollzieht sich an der so gewachsenen die entscheidende, entdeckerische Erweiterung. (Wobei vorerst außer acht gelassen sei, wie übermächtig daran das Schauen und die Taten der Duwelt beteiligt sind.) Es ist somit im allgemeinen die Eswelt jeder Kultur umfänglicher als die der voran-

gehenden, und trotz etlichen Stockungen und scheinbaren Rückläufen ist in der Geschichte die fortschreitende Zunahme der Eswelt deutlich zu erkennen. Nicht wesentlich ist hierfür, ob dem »Weltbild« einer Kultur mehr der Charakter der Endlichkeit oder der der sogenannten Unendlichkeit, richtiger Nichtendlichkeit, zukommt; eine »endliche« Welt kann recht wohl mehr Bestandteile, Dinge, Prozesse enthalten als eine »unendliche«. Zu beachten ist auch, daß es nicht bloß den Umfang der Naturerkenntnis, sondern auch den der gesellschaftlichen Differenzierung und den der technischen Leistung zu vergleichen gilt; durch beide wird die gegenständliche Welt erweitert.

Das Grundverhältnis des Menschen zur Eswelt umfaßt das Erfahren, das sie immer wieder konstituiert, und das Gebrauchen, das sie ihrem vielfältigen Zweck, der Erhaltung, Erleichterung und Ausstattung des Menschenlebens, zuführt. Mit dem Umfang der Eswelt muß auch die Fähigkeit, sie zu erfahren und zu gebrauchen, zunehmen. Der Einzelne kann zwar immer mehr unmittelbares Erfahren durch mittelbares, das »Erwerben von Kenntnissen«, ersetzen, er kann den Gebrauch immer mehr zur spezialisierten »Verwendung« abkürzen, dennoch ist eine stete Ausbildung der Fähigkeit von Generation zu Generation unerläßlich. Diese meint man zumeist, wenn man von einer fortschreitenden Entwicklung des geistigen Lebens redet. Wobei man sich freilich der eigentlichen Sprachsünde wider den Geist

schuldig macht; denn jenes »geistige Leben« ist zumeist das Hindernis für ein Leben des Menschen im Geist und bestenfalls die Materie, die darin, bewältigt und eingeformt, aufzugehen hat.
Das Hindernis. Denn die Ausbildung der erfahrenden und gebrauchenden Fähigkeit erfolgt zumeist durch Minderung der Beziehungskraft des Menschen - der Kraft, vermöge deren allein der Mensch im Geist leben kann.

*

Geist in seiner menschlichen Kundgebung ist Antwort des Menschen an sein Du. Der Mensch redet in vielen Zungen, Zungen der Sprache, der Kunst, der Handlung, aber der Geist ist einer, Antwort an das aus dem Geheimnis erscheinende, aus dem Geheimnis ansprechende Du. Geist ist Wort. Und wie die sprachliche Rede wohl erst im Gehirn des Menschen sich worten, dann in seiner Kehle sich lauten mag, beides aber sind nur Brechungen des wahren Vorgangs, in Wahrheit nämlich steckt die Sprache nicht im Menschen, sondern der Mensch steht in der Sprache und redet aus ihr, - so alles Wort, so aller Geist. Geist ist nicht im Ich, sondern zwischen Ich und Du. Er ist nicht wie das Blut, das in dir kreist, sondern wie die Luft, in der du atmest. Der Mensch lebt im Geist, wenn er seinem Du zu antworten vermag. Er vermag es, wenn er in die Beziehung mit seinem ganzen Wesen eintritt. Vermöge seiner Beziehungskraft allein vermag der Mensch im Geist zu leben.

Aber das Schicksal des Beziehungsvorgangs reckt sich hier am gewaltigsten auf. Je mächtiger die Antwort, um so mächtiger bindet sie das Du, bannt es zum Gegenstand. Nur das Schweigen zum Du, das Schweigen *aller* Zungen, das verschwiegene Harren im ungeformten, im ungeschiedenen, im vorzunglichen Wort läßt das Du frei, steht mit ihm in der Verhaltenheit, wo der Geist sich nicht kundgibt, sondern ist. Alle Antwort bindet das Du in die Eswelt ein. Das ist die Schwermut des Menschen, und das ist seine Größe. Denn so wird Erkenntnis, so wird Werk, so wird Bild und Vorbild in der Mitte der Lebendigen.
Was aber so zum Es sich gewandelt hat, dem ist, dem zum Ding unter Dingen Erstarrten, der Sinn und die Bestimmung eingetan, daß es sich immer wieder entwandle. Immer wieder - so war es gemeint in der Stunde des Geistes, als er sich dem Menschen antat und die Antwort in ihm zeugte - soll das Gegenständliche zu Gegenwart entbrennen, einkehren zum Element, daraus es kam, von Menschen gegenwärtig geschaut und gelebt werden.
Die Erfüllung dieses Sinns und dieser Bestimmung wird von dem Menschen vereitelt, der sich mit der Eswelt als einer zu erfahrenden und zu gebrauchenden abgefunden hat und nun das in ihr Eingebundene, statt es zu lösen, niederhält, statt ihm zuzublicken, beobachtet, statt es zu empfangen, verwertet.
Erkenntnis: Im Schauen eines Gegenüber er-

schließt sich dem Erkennenden das Wesen. Er wird, was er gegenwärtiglich geschaut hat, wohl als Gegenstand fassen, mit Gegenständen vergleichen, in Gegenstandsreihen einordnen, gegenständlich beschreiben und zergliedern müssen; nur als Es kann es in den Bestand der Erkenntnis eingehen. Aber im Schauen war es kein Ding unter Dingen, kein Vorgang unter Vorgängen, sondern ausschließlich gegenwärtig. Nicht in dem Gesetz, das danach aus der Erscheinung abgeleitet wurde, sondern in ihr selber teilt sich das Wesen mit. Daß das Allgemeine gedacht wird, ist nur eine Abwicklung des knäuelhaften Ereignisses, da es im Besondern, im Gegenüber geschaut wurde. Und nun ist dieses in der Esform der begrifflichen Erkenntnis eingeschlossen. Wer es daraus erschließt und wieder gegenwärtig schaut, erfüllt den Sinn jenes Erkenntnisaktes als eines zwischen den Menschen Wirklichen und Wirkenden. Aber man kann Erkenntnis auch so betreiben, daß man feststellt: »so also verhält es sich damit, so heißt das Ding, so ist es beschaffen, da gehört es hin«, daß man das zu Es Gewordene als Es beläßt, als Es erfährt und gebraucht, es mitverwendet für die Unternehmung, sich in der Welt »auszukennen«, und sodann für die, die Welt zu »erobern«.

So auch die Kunst: Im Schauen eines Gegenüber erschließt sich dem Künstler die Gestalt. Er bannt sie zum Gebilde. Das Gebilde steht nicht in einer Götterwelt, sondern in dieser großen Welt der Menschen. Wohl ist es »da«, auch wenn

kein Menschenauge es heimsucht; aber es schläft. Der chinesische Dichter erzählt, die Menschen hätten das Lied nicht hören mögen, das er auf seiner Jadeflöte spielte; da spielte er es den Göttern, und sie neigten das Ohr; seither lauschten auch die Menschen dem Lied: - so ist er denn von den Göttern zu denen gegangen, deren das Gebild nicht entraten kann. Nach des Menschen Begegnung schaut es wie im Traum aus, daß er den Bann löse und die Gestalt umfange, für einen zeitlosen Augenblick. Da kommt er nun gegangen und erfährt, was zu erfahren ist: so ist es gemacht, oder dies ist darin ausgedrückt, oder solcherart sind seine Qualitäten, und dazu wohl auch noch, welchen Rang es einnimmt.
Nicht als ob wissenschaftlicher und ästhetischer Verstand nicht vonnöten wäre: aber um sein Werk getreu zu tun und unterzutauchen in der überverständlichen, das Verständliche umschließenden Wahrheit der Beziehung.
Und zum dritten, über Geist der Erkenntnis und Geist der Kunst erhöht, weil hier der vergängliche körperhafte Mensch sich nicht dem dauernderen Stoff einzubilden braucht, sondern ihn überdauernd selber als Gebild, von der Musik seiner lebendigen Rede umrauscht, am Sternenhimmel des Geistes aufgeht: das reine Wirken, die Handlung ohne Willkür. Hier erschien dem Menschen aus tieferem Geheimnis das Du, sprach ihn aus dem Dunkel selber an, und er antwortete mit seinem Leben. Hier ist das Wort Mal um Mal Leben geworden, und dieses Leben, ob es Gesetz

erfüllte oder Gesetz brach - beides tut jeweilig not, damit der Geist auf Erden nicht sterbe -, ist Lehre. So steht es vor den Nachgeborenen, sie zu lehren, nicht was ist und nicht was sein soll, sondern wie im Geist, im Angesicht des Du, gelebt wird. Und das heißt: es steht bereit, ihnen allzeit selbst zum Du zu werden und die Duwelt aufzutun; nein, es steht nicht bereit, es kommt immerdar auf sie zu und rührt sie an. Sie aber, zum lebendigen Verkehr, dem weltauftuenden, unlustig und untauglich geworden, wissen Bescheid; sie haben die Person in der Geschichte und ihre Rede in der Bücherei eingefangen; sie haben die Erfüllung oder den Bruch, gleichviel, kodifiziert; und sie geizen auch nicht mit Verehrung und gar Anbetung, hinlänglich mit Psychologie untermischt, wie es dem modernen Menschen geziemt. O einsames Angesicht sternhaft im Dunkel, o lebendiger Finger auf einer unempfindlichen Stirn, o verhallender Schritt!

*

Die Ausbildung der erfahrenden und gebrauchenden Funktion erfolgt zumeist durch Minderung der Beziehungskraft des Menschen.

Derselbe Mensch, der den Geist sich zum Genußmittel präparierte, was fängt er mit den ihn umlebenden Wesen an?

Unter dem Grundwort der Trennung stehend, das Ich und Es voneinanderhält, hat er sein Leben mit den Mitmenschen in zwei sauber um-

zirkte Reviere geschieden: Einrichtungen und Gefühle. Es-Revier und Ich-Revier.
Einrichtungen sind das »Draußen«, in dem man sich zu allerlei Zwecken aufhält, in dem man arbeitet, verhandelt, beeinflußt, unternimmt, konkurriert, organisiert, wirtschaftet, amtet, predigt; das halbwegs geordnete und einigermaßen stimmende Gefüge, in dem sich unter vielfältigem Anteil von Menschenköpfen und Menschengliedern der Ablauf der Angelegenheiten vollzieht.
Gefühle sind das »Drinnen«, in dem man lebt und sich von den Einrichtungen erholt. Hier schwingt einem das Spektrum der Emotionen vor dem interessierten Blick; hier genießt man seine Neigung und seinen Haß, seine Lust und, wenn ers nicht zu arg treibt, seinen Schmerz. Hier ist man daheim und streckt sich im Schaukelstuhl aus.
Die Einrichtungen sind ein kompliziertes Forum, die Gefühle eine immerhin an Abwechslungen reiche Kemenate.
Die Abgrenzung ist freilich stets gefährdet, da die mutwilligen Gefühle zuweilen in die sachlichsten Einrichtungen einbrechen, aber sie läßt sich mit einigem guten Willen wiederherstellen.
Am schwersten ist die zuverlässige Abgrenzung in den Gebieten des sogenannten persönlichen Lebens. In der Ehe etwa ist sie mitunter nicht ohne weiteres zu bewerkstelligen; aber das gibt sich. Vortrefflich führt sie sich in den Gebieten des sogenannten öffentlichen Lebens durch; man betrachte etwa, wie fehlerfrei im Jahr der Par-

teien, aber auch der überparteilich gemeinten Gruppen und ihrer »Bewegungen« die himmelstürmenden Tagungen und der - gleichviel, mechanisiert-gleichmäßig oder organisch-schlampig - am Boden hinkriechende Betrieb einander ablösen.

Aber das abgetrennte Es der Einrichtungen ist ein Golem und das abgetrennte Ich der Gefühle ein umherflatternder Seelenvogel. Beide kennen den Menschen nicht; jene nur das Exemplar, diese nur den »Gegenstand«, keins die Person, keins die Gemeinsamkeit. Beide kennen die Gegenwart nicht: jene, auch die modernsten, nur die starre Vergangenheit, das Fertigsein, diese, auch die ausdauerndsten, immer wieder nur den huschenden Augenblick, das Nochnichtsein. Beide haben keinen Zugang zum wirklichen Leben. Einrichtungen ergeben kein öffentliches und Gefühle kein persönliches Leben.

Daß Einrichtungen kein öffentliches Leben ergeben, verspüren Menschen in wachsender Zahl, verspüren es mit wachsendem Leid; dies ist der Ort, von dem die suchende Not des Zeitalters ausgeht. Daß Gefühle kein persönliches Leben ergeben, haben erst wenige verstanden; hier scheint ja das Allerpersönlichste zu hausen; und wenn man erst wie der moderne Mensch gelernt hat, sich ausgiebig mit den eignen Gefühlen zu befassen, wird einen auch die Verzweiflung an ihrer Unwirklichkeit nicht leicht eines Besseren belehren, da ja auch sie ein Gefühl und interessant ist.

Die Menschen, die daran leiden, daß Einrichtungen kein öffentliches Leben ergeben, sind auf ein Mittel verfallen: man müsse die Einrichtungen eben durch die Gefühle auflockern oder aufschmelzen oder aufsprengen, man müsse sie eben aus den Gefühlen erneuern, indem man die »Freiheit des Gefühls« in sie einführt. Wenn etwa der automatisierte Staat wesensfremde Bürger zusammenkoppelt, ohne ein Miteinander zu stiften oder zu fördern, sei er durch die Liebesgemeinde zu ersetzen; und Liebesgemeinde, die entstehe eben, wenn Leute aus dem freien, überschwenglichen Gefühl zueinander kommen und miteinander leben wollen. Aber dem ist nicht so; die wahre Gemeinde entsteht nicht dadurch, daß Leute Gefühle füreinander haben (wiewohl freilich auch nicht ohne das), sondern durch diese zwei Dinge: daß sie alle zu einer lebendigen Mitte in lebendig gegenseitiger Beziehung stehen und daß sie untereinander in lebendig gegenseitiger Beziehung stehen. Das zweite entspringt aus dem ersten, ist aber noch nicht mit ihm allein gegeben. Lebendig gegenseitige Beziehung schließt Gefühle ein, aber sie stammt nicht von ihnen. Die Gemeinde baut sich aus der lebendig gegenseitigen Beziehung auf, aber der Baumeister ist die lebendige wirkende Mitte.
Auch Einrichtungen des sogenannten persönlichen Lebens können nicht aus dem freien Gefühl erneuert werden (wiewohl freilich nicht ohne es). Die Ehe etwa wird sich nie aus etwas andrem erneuern, als woraus allzeit die wahre Ehe entsteht:

daß zwei Menschen einander das Du offenbaren. Daraus baut das Du, das keinem von beiden Ich ist, die Ehe auf. Dies ist das metaphysische und metapsychische Faktum der Liebe, das von den Liebesgefühlen nur begleitet wird. Wer die Ehe von andrem her erneuern will, ist nicht wesensverschieden von dem, der sie aufheben will: beide sagen aus, daß sie das Faktum nicht mehr kennen. Und in der Tat, wenn man von all der vielberedeten Erotik des Zeitalters alles abrechnete, was Ichbezogenheit ist, alles Verhältnis also, worin eins dem andern gar nicht gegenwärtig, von ihm gar nicht vergegenwärtigt wird, sondern eins am andern nur sich selbst genießt, was bliebe wohl?

Wahres öffentliches und wahres persönliches Leben sind zwei Gestalten der Verbundenheit. Auf daß sie werden und bestehen, tun Gefühle not, der wechselnde Gehalt, tun Einrichtungen not, die stetige Form, aber auch beide zusammengetan schaffen das menschliche Leben noch nicht, sondern das dritte schafft es, die zentrale Gegenwart des Du, vielmehr, daß ichs wahrer sage, das in der Gegenwart empfangene zentrale Du.

*

Das Grundwort Ich-Es ist nicht vom Übel - wie die Materie nicht vom Übel ist. Es ist vom Übel - wie die Materie, die sich anmaßt, das Seiende zu sein. Wenn der Mensch es walten läßt, überwuchert ihn die unablässig wachsende Eswelt, entwirklicht sich ihm das eigne Ich, bis der Alp über ihm und das Gespenst in ihm einander das Geständnis ihrer Unerlöstheit zuraunen.

*

- Aber ist denn das Gemeinleben des modernen Menschen nicht mit Notwendigkeit in die Eswelt versenkt? Sind die zwei Kammern dieses Lebens, die Wirtschaft und der Staat, in ihrem gegenwärtigen Umfang und in ihrer gegenwärtigen Durchbildung denkbar auf einer andern Grundlage als auf der eines überlegnen Verzichts auf alle »Unmittelbarkeit«, ja einer unbeugsam entschloßnen Ablehnung jeder »fremden«, nicht diesem Gebiet selbst entstammenden Instanz? Und wenn es das erfahrende und gebrauchende Ich ist, das hier waltet, das Güter und Leistungen gebrauchende in der Ökonomie, das Meinungen und Strebungen gebrauchende in der Politik, ist nicht eben dieser uneingeschränkten Herrschaft die ausgedehnte und standfeste Struktur der großen »objektiven« Gebilde in diesen zwei Umkreisen zu verdanken? Ja, ist nicht die bildnerische Größe des führenden Staatsmanns und des führenden Wirtschaftsmanns eben daran gebunden, daß er die Menschen, mit denen er zu schaffen hat, nicht als Träger des unerfahrbaren Du, sondern als Leistungs- und Strebungszentren ansieht, die es in ihren besonderen Befähigungen zu berechnen und zu verwenden gilt? Würde seine Welt nicht über ihm zusammenbrechen, wenn er versuchte, statt Er + Er + Er zu einem Es zu addieren, die Summe von Du und Du und Du zu ziehen, die nie etwas anderes als wieder Du ergibt? Hieße das nicht die formende Meisterschaft gegen einen bastelnden Dilettantismus und die lichtmächtige Vernunft gegen eine neblichte Schwärmerei vertauschen? Und wenn wir von den Lenkern auf die Gelenkten blicken, hat nicht die Entwicklung selbst in der modernen Art der Arbeit und in der modernen Art des Besitzes fast jede Spur des Gegenüberlebens, der sinnvollen Beziehung getilgt? Es wäre absurd, sie zurückschrauben zu wollen - und gelänge das Absurde, so wäre zugleich der ungeheure Präzisionsapparat dieser Zivilisation zerstört, der allein der ungeheuer angewachsenen Menschheit das Leben ermöglicht.

- Redender, du redest zu spät. Eben noch hättest du deiner Rede glauben können, jetzt kannst du es nicht mehr. Denn vor einem Nu hast du es wie ich gesehen, daß der Staat nicht mehr gelenkt wird; die Heizer häufen noch die Kohlen, aber die Führer regieren nur noch zum Schein die dahinrasenden Maschinen. Und in diesem Nu, während du redest, kannst du es wie ich hören, daß das Hebelwerk der Wirtschaft in einer ungewohnten Weise zu surren beginnt; die Werkmeister lächeln dich überlegen an, aber der Tod sitzt in ihren Herzen. Sie sagen dir, sie paßten den Apparat den Verhältnissen an; aber du merkst, sie können fortan nur noch sich dem Apparat anpassen, solang er es eben erlaubt. Ihre Sprecher belehren dich, daß die Wirtschaft das Erbe des Staates antrete; du weißt, daß es nichts andres zu erben gibt als die Zwingherrschaft des wuchernden Es, unter der das Ich, der Bewältigung immer unmächtiger, immer noch träumt, es sei der Gebieter.

Das Gemeinleben des Menschen kann ebensowenig wie er selbst der Eswelt entraten, - als über der die Gegenwart des Du schwebt wie der Geist über den Wassern. Nutzwille und Machtwille des Menschen wirken naturhaft und rechtmäßig, solang sie an den menschlichen Beziehungswillen geschlossen sind und von ihm getragen werden. Es gibt keinen bösen Trieb, bis sich der Trieb vom Wesen löst; der ans Wesen geschlossene und von ihm bestimmte Trieb ist das Plasma des Gemeinlebens, der abgelöste ist dessen Zersetzung. Wirtschaft, das Gehäuse des Nutzwillens, und Staat, das Gehäuse des Machtwillens, haben so lange teil am Leben, als sie am Geist teilhaben. Schwören sie ihm ab, haben sies dem Leben getan: das Leben läßt sich freilich Zeit, seine Sache auszutragen, und eine gute Weile vermeint man noch ein Gebild sich regen zu sehn, wo längst schon ein Getriebe wirbelt. Mit der Einführung etwelcher Unmittelbarkeit ist da in der Tat nicht zu helfen; die Lockerung der gefügten Wirtschaft oder des gefügten Staates kann nicht aufwiegen, daß sie nicht mehr unter der Suprematie des dusagenden Geistes stehen; keine Aufrührung der Peripherie kann die lebendige Beziehung zur Mitte ersetzen. Gebilde des menschlichen Gemeinlebens haben ihr Leben aus der Fülle der Beziehungskraft, die ihre Glieder durchdringt,

und ihre leibhafte Form aus der Bindung dieser Kraft im Geist. Der Staatsmann oder Wirtschaftsmann, der dem Geiste botmäßig ist, dilettiert nicht; er weiß wohl, daß er den Menschen, mit denen er zu schaffen hat, nicht schlechthin als Trägern des Du gegenübertreten kann, ohne sein Werk aufzulösen; aber er wagt es dennoch, nur eben nicht schlechthin, zu tun, bis zur Grenze nämlich, die ihm der Geist eingibt; und da gibt ihm der Geist die Grenze ein; und das Wagnis, das ein abgetrenntes Gebilde gesprengt hätte, gerät in dem von der Gegenwart des Du überschwebten. Der schwärmt nicht; er dient der Wahrheit, die, übervernünftig, die Vernunft nicht verstößt, sondern im Schoße hält. Er tut im Gemeinleben nichts andres, als im persönlichen der Mensch, der sich wohl unfähig weiß, das Du rein zu verwirklichen, und es doch alltäglich am Es bewährt, nach dem Recht und Maß dieses Tages, täglich neu die Grenze ziehend, - die Grenze entdeckend. So auch sind Arbeit und Besitz von sich aus nicht zu erlösen, nur vom Geiste aus; nur aus seiner Präsenz kann aller Arbeit Bedeutung und Freude, allem Besitz Ehrfurcht und Opferkraft einströmen, nicht randvoll, aber quantum satis, - kann alles Gearbeitete und alles Besessene, der Eswelt verhaftet bleibend, dennoch sich zum Gegenüber und zur Darstellung des Du verklären. Es gibt kein Dahinter-zurück, es gibt, noch im Augenblick der tiefsten Not, ja erst in ihm, ein vorher ungeahntes Darüber-hinaus.
Ob der Staat die Wirtschaft regelt oder die Wirt-

schaft den Staat beauftragt, ist, solange beide unverwandelt sind, nicht wichtig. Ob die Einrichtungen des Staates freier und die der Wirtschaft gerechter werden, ist wichtig, aber nicht für die Frage nach dem wirklichen Leben, die hier gefragt wird; frei und gerecht können sie von sich aus nicht werden. Ob der Geist, der dusagende, der antwortende Geist am Leben und an der Wirklichkeit bleibt; ob das, was noch von ihm im Gemeinleben des Menschen eingesprengt ist, weiterhin dem Staat und der Wirtschaft unterworfen ist oder selbständig wirkend wird; ob das, was von ihm noch im persönlichen Leben des Menschen ausharrt, sich dem Gemeinleben wieder einverleibt: ist entscheidend. Mit einer Aufteilung des Gemeinlebens in unabhängige Bereiche, zu denen auch »das geistige Leben« gehörte, wäre dies freilich nicht getan; das hieße nur die in die Eswelt versenkten Gebiete endgültig der Zwingherrschaft preisgeben, den Geist aber vollends entwirklichen; denn selbständig ins Leben wirkend ist der Geist niemals an sich, sondern an der Welt: mit seiner die Eswelt durchdringenden und verwandelnden Gewalt. Der Geist ist wahrhaft »bei sich«, wenn er der ihm erschloßnen Welt gegenübertreten, sich ihr hingeben, sie und an ihr sich erlösen kann. Das könnte die zerstreute, geschwächte, entartete, widerspruchdurchsetzte Geistigkeit, die heute den Geist vertritt, freilich erst, wenn sie wieder zum Wesen des Geistes, zum Dusagenkönnen gediehe.

*

In der Eswelt waltet uneingeschränkt die Ursächlichkeit. Jeder sinnlich wahrnehmbare »physische«, aber auch jeder in der Selbsterfahrung vorgefundene oder gefundene »psychische« Vorgang gilt mit Notwendigkeit als verursacht und verursachend. Davon sind auch die Vorgänge, denen der Charakter einer Zwecksetzung beigemessen werden darf, als Bestandteile des Eswelt-Kontinuums nicht ausgenommen: dieses verträgt wohl eine Teleologie, aber nur als den in einen Teil der Kausalität eingewirkten Revers, der deren zusammenhängende Vollständigkeit nicht beeinträchtigt.

Das uneingeschränkte Walten der Ursächlichkeit in der Eswelt, für das wissenschaftliche Ordnen der Natur von grundlegender Wichtigkeit, bedrückt den Menschen nicht, der auf die Eswelt nicht eingeschränkt ist, sondern ihr immer wieder in die Welt der Beziehung entschreiten darf. Hier stehen Ich und Du einander frei gegenüber, in einer Wechselwirkung, die in keine Ursächlichkeit einbezogen und von keiner tingiert ist; hier verbürgt sich dem Menschen die Freiheit seines und des Wesens. Nur wer Beziehung kennt und um die Gegenwart des Du weiß, ist sich zu entscheiden befähigt. Wer sich entscheidet, ist frei, weil er vor das Angesicht getreten ist.

Die feurige Materie all meines Wollenkönnens unbändig wallend, all das mir Mögliche vorwelthaft kreisend, verschlungen und wie untrennbar, die lockenden Blicke der Potenzen aus allen Enden flackernd, das All als Versuchung, und ich, im Nu geworden, beide Hände ins Feuer, tief hinein, wo die eine sich verbirgt, die mich meint, meine Tat, ergriffen: Nun! Und schon ist die Drohung des Abgrunds gebannt, nicht mehr spielt das kernlos Viele in der schillernden Gleichheit seines Anspruchs, sondern nur noch Zwei sind nebeneinander, das Andere und das Eine, der Wahn und der Auftrag. Nun aber erst hebt die Verwirklichung in mir an. Denn nicht das hieße entschieden haben, wenn das Eine getan würde und das Andere bliebe gelagert, erloschne Masse, und verschlackte mir die Seele Schicht auf Schicht. Sondern nur wer die ganze Kraft des Anderen einlenkt in das Tun des Einen, wer in das Wirklichwerden des Gewählten die unverkümmerte Leidenschaft des Ungewählten einziehen läßt, nur wer »Gott mit dem bösen Triebe dient«, entscheidet sich, entscheidet das Geschehen. Hat man dies verstanden, so weiß man auch, daß eben dies das Gerechte zu nennen ist, das Gerichtete, wozu sich einer richtet und entscheidet; und gäbe es einen Teufel, so wäre es nicht, der sich gegen Gott, sondern der sich in der Ewigkeit nicht entschied.

Den Menschen, dem die Freiheit verbürgt ist, bedrückt die Ursächlichkeit nicht. Er weiß, daß sein sterbliches Leben seinem Wesen nach ein Schwingen zwischen Du und Es ist, und spürt dessen Sinn. Es genügt ihm, die Schwelle des Heiligtums, darin er nicht verharren könnte, immer wieder betreten zu dürfen; ja, daß er es immer wieder verlassen muß, gehört ihm innig zum Sinn

und zur Bestimmung dieses Lebens. Dort, an der Schwelle, entzündet sich in ihm immer neu die Antwort, der Geist; hier, im unheiligen und bedürftigen Land, hat sich der Funke zu bewähren. Was hier Notwendigkeit heißt, kann ihn nicht schrecken; denn er hat dort die wahre erkannt, das Schicksal.
Schicksal und Freiheit sind einander angelobt. Dem Schicksal begegnet nur, wer die Freiheit verwirklicht. Daß ich die Tat, die mich meint, entdeckte, darin, in der Bewegung meiner Freiheit offenbart sich mir das Geheimnis; aber auch, daß ich sie nicht so, wie ich sie meinte, vollbringen kann, auch in dem Widerstand offenbart sich mir das Geheimnis. Wer alles Verursachtsein vergißt und sich aus der Tiefe entscheidet, wer Gut und Gewand von sich tut und bloß vor das Angesicht tritt: dem Freien schaut, als das Gegenbild seiner Freiheit, das Schicksal entgegen. Es ist nicht seine Grenze, es ist seine Ergänzung; Freiheit und Schicksal umfangen einander zum Sinn; und im Sinn schaut das Schicksal, die eben noch so strengen Augen voller Licht, wie die Gnade selber drein.
Nein, den Menschen, der, den Funken tragend, in die Eswelt zurückkehrt, bedrückt die ursächliche Notwendigkeit nicht. Und von den Männern des Geistes strömt in den Zeiten gesunden Lebens die Zuversicht zu allem Volk; allen, auch den Dumpfsten, ist da ja irgendwie, naturhaft, triebhaft, dämmerhaft, die Begegnung, die Gegenwart widerfahren, alle haben irgendwo das

Du verspürt; nun deutet ihnen der Geist die Bürgschaft.
Aber in den kranken Zeiten geschieht es, daß die Eswelt, nicht mehr von den Zuflüssen der Duwelt als von lebendigen Strömen durchzogen und befruchtet: - abgetrennt und stockend, ein riesenhaftes Sumpfphantom, den Menschen übermächtigt. Indem er sich mit einer Welt von Gegenständen, die ihm nicht mehr zu Gegenwart werden, abfindet, erliegt er ihr. Da steigert sich die geläufige Ursächlichkeit zum bedrückenden, erdrükkenden Verhängnis.
Jede große völkerumfassende Kultur ruht auf einem ursprünglichen Begegnungsereignis, auf einer einmal an ihrem Quellpunkt erfolgten Antwort an das Du, auf einem Wesensakt des Geistes. Dieser, verstärkt durch die gleichgerichtete Kraft der nachfolgenden Geschlechter, schafft eine eigentümliche Fassung des Kosmos im Geist - erst durch ihn wird Kosmos des Menschen immer wieder möglich; nun erst immer wieder kann der Mensch aus getroster Seele in einer eigentümlichen Fassung des Raums Gotteshäuser und Menschenhäuser bauen, kann die schwingende Zeit mit neuen Hymnen und Liedern füllen und die Gemeinschaft der Menschen selber zur Gestalt bilden. Aber eben nur, solang er jenen Wesensakt im eigenen Leben tuend und leidend besitzt, solang er selbst in die Beziehung eingeht: so lang ist er frei und somit schöpferisch. Zentriert eine Kultur nicht mehr im lebendigen, unablässig erneuerten Beziehungsvorgang, dann er-

starrt sie zur Eswelt, die nur noch eruptiv von Weile zu Weile die glühenden Taten vereinsamter Geister durchbrechen. Von da an steigert sich die geläufige Ursächlichkeit, die vordem nie die geistige Fassung des Kosmos zu stören vermochte, zum bedrückenden, erdrückenden Verhängnis. Das weise, meisternde Schicksal, das, der Sinnfülle des Kosmos eingestimmt, über aller Ursächlichkeit waltete, ist, zur sinnwidrigen Dämonie verwandelt, in sie gefallen. Dasselbe Karman, das den Vorfahren als wohltätige Fügung erschien - denn was uns in diesem Leben gerät, hebt uns für ein künftiges in höhere Sphären -, gibt sich nun als Tyrannei zu erkennen: denn das Tun eines früheren, uns unbewußten Lebens hat uns in den Kerker gesperrt, dem wir in diesem Leben nicht entrinnen können. Wo vordem das Sinngesetz eines Himmels sich wölbte, an dessen lichtem Bogen die Spindel der Notwendigkeit hängt, herrscht jetzt sinnlos und knechtend die Gewalt der Wandelsterne; nur der Dike, der himmlischen »Bahn«, die auch die unsere meint, galt es sich einzutun, um freien Herzens im Allmaß des Geschicks zu wohnen - nun zwingt uns, was immer wir tun, jedem Nacken die ganze Last der toten Weltmasse aufladend, die geistfremde Heimarmene. Das anstürmende Verlangen nach Erlösung bleibt in mannigfachen Versuchen am letzten unbefriedigt, bis einer es stillt, der dem Rad der Geburten entrinnen lehrt, oder einer, der die den Mächten verfallenen Seelen in die Freiheit der Gotteskinder rettet. Solches Werk kommt aus einem neuen, zur Substanz werdenden Begegnungsereignis, einer neuen schicksalbestimmenden Antwort eines Menschen an sein Du. In der Auswirkung dieses zentralen Wesensakts kann eine Kultur von einer andern, seinem Strahl hingegebenen abgelöst, kann eine aber auch in sich selbst erneuert werden.

Die Krankheit unseres Zeitalters gleicht der keines, sie gehört mit denen aller zusammen. Die Geschichte der Kulturen ist nicht ein Stadion der Äonen, in dem ein Läufer nach dem andern munter und ahnungslos den gleichen Todeskreis zu durchmessen hätte. Durch ihre Auf- und Niedergänge führt ein namenloser Weg. Kein Weg des Fortschritts und der Entwicklung; ein Hinabstieg durch die Spiralen der geistigen Unterwelt, wohl auch ein Aufstieg zum innersten, feinsten, verschlungensten Wirbel zu nennen, wo es kein Weiter mehr und erst recht kein Zurück gibt, nur noch die unerhörte Umkehr: den Durchbruch. Werden wir den Weg bis ans Ende gehen müssen, bis in die Probe der letzten Finsternis? Wo aber Gefahr ist, wächst das Rettende auch.

Das biologistische und das historiosophische Denken dieser Zeit haben, so verschieden sie sich sahen, zusammengewirkt, um einen Glauben an das Verhängnis herzustellen, zäher und beklommener, als je einer bestand. Es ist nicht mehr die Macht des Karman und nicht mehr die Sternenmacht, was unabwendbar das Menschenlos regiert; vielerlei Gewalten beanspruchen die Herrschaft, aber wenn mans recht betrachtet, glauben die meisten Zeitgenossen an ein Gemisch von ihnen wie die späten Römer an ein Gemisch von Göttern. Das wird durch die Art des Anspruchs erleichtert. Ob es das »Lebensgesetz« eines Allkampfes ist, in dem jeder mitfechten oder auf das Leben verzichten muß; oder das »Seelengesetz« eines restlosen Aufbaus der psychischen Person aus eingebornen Gebrauchstrieben; oder das »Gesellschaftsgesetz« eines unaufhaltsamen sozialen Prozesses, den Wille und Bewußtsein nur begleiten dürfen; oder das »Kulturgesetz« eines unabänderlich gleichmäßigen Werdens und Vergehens der Geschichtsgebilde; und was der Formen mehr sind: immer bedeutet es, daß der Mensch in ein unentrinnbares Geschehen eingespannt sei, gegen das er sich nicht oder nur in seinem Wahn wehren könne. Vom Zwang der Sterne befreite die Mysterienweihe, vom Zwang des Karman das erkenntnisbegleitete Brahmanopfer, in beiden bildete sich die Erlösung vor; der Mischgötze duldet keinen Glauben an Befreiung. Es gilt als töricht, sich eine Freiheit zu imaginieren; man habe nur die Wahl zwischen resolutem und aussichtslos rebellischem Sklaventum. Wieviel auch in all den Gesetzen von teleologischer Entwicklung und organischem Werden die Rede geht, allen liegt die Besessenheit vom Ablauf, das heißt von der uneingeschränkten Ursächlichkeit zugrunde. Das Dogma des allmählichen Ablaufs ist die Abdikation des Menschen vor der wuchernden Eswelt. Der Name des Schicksals wird von ihm mißbraucht: Schicksal ist keine Glocke, die über die Menschenwelt gestülpt ist; keiner begegnet ihm, als der von der Freiheit ausging. Das Dogma des Ablaufs aber läßt keinen Raum für die Freiheit, keinen für ihre allerrealste Offenbarung, deren gelassene Kraft das Angesicht der Erde ändert: die Umkehr. Das Dogma kennt den Menschen nicht, der den Allkampf durch die Umkehr überwindet; der das Gespinst der Gebrauchstriebe durch die Umkehr zerreißt; der sich dem Bann der Klasse durch die Umkehr enthebt; - der durch die Umkehr die sicheren Geschichtsgebilde aufrührt, verjüngt, verwandelt. Das Dogma des Ablaufs läßt dir vor seinem Brettspiel nur die Wahl: die Regeln beobachten oder ausscheiden; aber der Umkehrende wirft die Figuren um. Das Dogma will dir immerhin erlauben, die Bedingtheit mit dem Leben zu vollstrekken und in der Seele »frei zu bleiben«; aber diese Freiheit erachtet der Umkehrende für die schmählichste Knechtschaft.

Das einzige, was dem Menschen zum Verhängnis werden kann, ist der Glaube an das Verhängnis: er hält die Bewegung der Umkehr nieder.

Der Glaube an das Verhängnis ist ein Irrglaube von Anbeginn. Alle Ablaufbetrachtung ist nur ein Ordnen des Nichts-als-geworden-seins, des abgetrennten Weltgeschehnisses, der Gegenständlichkeit als Geschichte; die Gegenwart des Du, das Werden aus der Verbundenheit ist ihr unzugänglich. Sie kennt die Wirklichkeit des Geistes nicht, und ihr Schema ist für ihn nicht gültig. Weissagung aus der Gegenständlichkeit gilt nur für den, der die Gegenwärtigkeit nicht kennt. Der von der Eswelt Übermächtigte muß in dem Dogma des unabänderlichen Ablaufs eine im Wuchernden Klärung schaffende Wahrheit sehen; in Wahrheit läßt es ihn nur noch tiefer der Eswelt hörig werden. Aber die Welt des Du ist nicht verschlossen. Wer mit gesammeltem Wesen, mit auferstandner Beziehungskraft zu ihr ausgeht, wird der Freiheit inne. Und vom Glauben an die Unfreiheit frei werden heißt frei werden.

*

Wie man Gewalt über den Alp bekommt, wenn man ihm seinen wirklichen Namen zuruft, so muß sich die Eswelt, die sich eben noch unheimlich vor der kleinen Menschenkraft reckte, dem ergeben, der sie in ihrem Wesen erkennt: als die Versonderung und Verfremdung eben dessen, aus dessen anströmend naher Fülle einem jedes irdische Du entgegentritt; dessen, was einem wohl zuweilen groß und furchtbar wie die Muttergöttin, aber eben doch immer mütterlich erschien.

- Wie aber möchte der die Gewalt aufbringen, den Alp beim Namen anzurufen, dem selbst im Innern ein Gespenst hockt - das entwirklichte Ich? Wie kann in einem Wesen die verschüttete Beziehungskraft auferstehen, wo allstündlich ein rüstiges Gespenst den Schutt feststampft? Wie sammelt sich ein Wesen ein, das unablässig von der Sucht der abgelösten Ichheit im leeren Kreis

gejagt wird? Wie soll einer der Freiheit innewerden, der in der Willkür lebt?
- Wie Freiheit und Schicksal zusammengehören, so gehören Willkür und Verhängnis zusammen. Aber Freiheit und Schicksal sind einander angelobt und umfangen einander zum Sinn; Willkür und Verhängnis, der Seelenspuk und der Weltmahr, vertragen sich, nebeneinander hausend und einander ausweichend, verbindungslos und reibungslos, im Sinnlosen - bis in einem Nu Blick irr an Blick prallt und das Geständnis der Unerlöstheit aus ihnen bricht. Wieviel beredte und kunstreiche Geistigkeit wird heute aufgewandt, um diese Begebenheit zu verhüten oder doch zu verhüllen!
Der freie Mensch ist der ohne Willkür wollende. Er glaubt an die Wirklichkeit; das heißt: er glaubt an die reale Verbundenheit der realen Zweiheit Ich und Du. Er glaubt an die Bestimmung und daran, daß sie seiner bedarf: sie gängelt ihn nicht, sie erwartet ihn, er muß auf sie zugehen, und weiß doch nicht, wo sie steht; er muß mit dem ganzen Wesen ausgehen, das weiß er. Es wird nicht so kommen, wie sein Entschluß es meint; aber was kommen will, wird nur kommen, wenn er sich zu dem entschließt, was er wollen kann. Er muß seinen kleinen Willen, den unfreien, von Dingen und Trieben regierten, seinem großen opfern, der vom Bestimmtsein weg und auf die Bestimmung zu geht. Da greift er nicht mehr ein, und er läßt doch auch nicht bloß geschehen. Er lauscht dem aus sich Werdenden, dem Weg des

Wesens in der Welt; nicht um von ihm getragen zu werden: um es selber so zu verwirklichen, wie es von ihm, dessen es bedarf, verwirklicht werden will, mit Menschengeist und Menschentat, mit Menschenleben und Menschentod. Er glaubt, sagte ich; damit ist aber gesagt: er begegnet.
Der willkürliche Mensch glaubt nicht und begegnet nicht. Er kennt die Verbundenheit nicht, er kennt nur die fiebrige Welt da draußen und seine fiebrige Lust, sie zu gebrauchen; man muß dem Gebrauchen nur einen antiken Namen geben, und es wandelt unter den Göttern. Wenn er Du sagt, meint er: »Du mein Gebrauchenkönnen«; und was er seine Bestimmung nennt, ist nur Ausstattung und Sanktion seines Gebrauchenkönnens. In Wahrheit hat er keine Bestimmung, nur ein Bestimmtsein von Dingen und Trieben, das er mit dem Gefühl der Selbstherrlichkeit, das heißt eben in Willkür vollzieht. Er hat keinen großen Willen; nur die Willkür, die er dafür ausgibt. Ganz unfähig ist er zum Opfer, ob ers auch etwa im Mund führen mag; du erkennst ihn daran, daß er nie konkret wird. Er greift fortwährend ein, und zwar zu dem Zweck, »es geschehen zu lassen«. Wie sollte man denn, sagt er dir, nicht der Bestimmung nachhelfen, nicht die erreichbaren Mittel verwenden, die solch ein Zweck erfordert? So sieht er auch den Freien; er kann ihn nicht anders sehen. Aber der Freie hat nicht hier einen Zweck und da holt er die Mittel dazu herbei; er hat nur das eine: immer wieder nur seinen Entschluß, auf seine Bestimmung zuzugehen. Er hat

ihn gefaßt, er wird ihn zuweilen, an jeder Wegscheide erneuern; aber eher könnte er glauben, er lebe nicht, als dies, der Entschluß des großen Willens reiche nicht zu und müsse durch Mittel unterstützt werden. Er glaubt; er begegnet. Aber das ungläubige Mark des willkürlichen Menschen kann nichts anderes wahrnehmen als Unglauben und Willkür, Zwecksetzen und Mittelersinnen. Ohne Opfer und ohne Gnade, ohne Begegnung und ohne Gegenwart, eine verzweckte und vermittelte Welt ist seine Welt; keine andre kann es sein; und diese heißt Verhängnis. So ist er in all seiner Selbstherrlichkeit schier unauswirrbar ins Unwirkliche verstrickt; und er weiß es, sooft er sich auf sich besinnt, - darum richtet er den besten Teil seiner Geistigkeit darauf, die Besinnung zu verhüten oder doch zu verhüllen.

Sie aber, die Besinnung auf das Abgefallensein, auf das entwirklichte und auf das wirkliche Ich, in den Wurzelgrund sich versenken lassen, den der Mensch Verzweiflung nennt und aus dem die Selbstvernichtung und die Wiedergeburt wachsen, wäre der Anfang der Umkehr.

*

Im Wettstreit, so erzählt das Brahmana der hundert Pfade, lagen einst Götter und Dämonen. Da sprachen die Dämonen: »Wem mögen wir wohl unsre Opfergaben bringen?« Sie legten alle Gaben in den eigenen Mund. Die Götter aber legten die Gaben einander in den Mund. Und da gab Pradschapati, der Urgeist, sich den Göttern.

*

- Daß die Es-Welt, sich selbst überlassen, das heißt: nicht vom Duwerden berührt und aufgeschmolzen, sich zum Alp verfremdet, ist zu verstehen; aber wie geht es zu, daß, wie du sagst, das Ich des Menschen sich entwirklicht? Ob in der Beziehung lebend, ob außer ihr, das Ich bleibt sich verbürgt in seinem Selbst-Bewußtsein, dem starken Goldfaden, an dem sich die wechselnden Zustände aufreihen. Ob ich nun sage: »Ich sehe dich« oder: »Ich sehe den Baum«, vielleicht nicht gleich wirklich ist in beidem das Sehen, aber gleich wirklich ist in beidem das Ich.
- Prüfen wir, prüfen wir uns, ob dem so ist. Die wörtersprachliche Form erweist nichts; meint doch auch vieles gesagte Du im Grund ein Es, zu dem man nur eben aus Gewohnheit und Stumpfheit Du sagt, und vieles gesagte Es meint im Grund ein Du, an dessen Gegenwart man sich etwa in der Ferne mit dem ganzen Wesen erinnert; so ist zahlloses Ich nur ein unentbehrliches Pronomen, nur eine notwendige Abkürzung für »Dieser da, der redet«. Aber das Selbstbewußtsein? Wenn in dem einen Satz wahrhaft das Du der Beziehung und in dem andern das Es einer Erfahrung gemeint ist, und wenn also das Ich in beiden wahrhaft gemeint ist, ist es das gleiche, aus dessen Selbstbewußtsein beides gesagt wird?

Das Ich des Grundworts Ich-Du ist ein andres als das des Grundworts Ich-Es.
Das Ich des Grundworts Ich-Es erscheint als Eigenwesen und wird sich bewußt als Subjekt (des Erfahrens und Gebrauchens).
Das Ich des Grundworts Ich-Du erscheint als Person und wird sich bewußt als Subjektivität (ohne abhängigen Genetiv).
Eigenwesen erscheint, indem es sich gegen andere Eigenwesen absetzt.
Person erscheint, indem sie zu andern Personen in Beziehung tritt.
Das eine ist die geistige Gestalt der naturhaften Abgehobenheit, das andre die der naturhaften Verbundenheit.
Der Zweck des Sichabsetzens ist das Erfahren und Gebrauchen, und deren Zweck das »Leben«, das heißt das eine menschliche Lebensfrist dauernde Sterben.
Der Zweck der Beziehung ist ihr eigenes Wesen, das ist: die Berührung des Du. Denn durch die Berührung jedes Du rührt ein Hauch des ewigen Lebens uns an.
Wer in der Beziehung steht, nimmt an einer Wirklichkeit teil, das heißt: an einem Sein, das nicht bloß an ihm und nicht bloß außer ihm ist. Alle Wirklichkeit ist ein Wirken, an dem ich teilnehme, ohne es mir eignen zu können. Wo keine Teilnahme ist, ist keine Wirklichkeit. Wo Selbstzueignung ist, ist keine Wirklichkeit. Die Teilnahme ist um so vollkommener, je unmittelbarer die Berührung des Du ist.

Das Ich ist wirklich durch seine Teilnahme an der Wirklichkeit. Es wird um so wirklicher, je vollkommener die Teilnahme ist.
Aber das Ich, das aus dem Beziehungsereignis in die Abgelöstheit und deren Selbstbewußtsein tritt, verliert seine Wirklichkeit nicht. Die Teilnahme bleibt in ihm angelegt und lebendig bewahrt; mit einem andern Wort, das, von der höchsten Beziehung gesprochen, auf alle angewandt werden darf, »der Same bleibt in ihm«. Dies ist der Bereich der Subjektivität, darin das Ich seiner Verbundenheit und seiner Abgelöstheit in einem innewird. Die echte Subjektivität kann nur dynamisch verstanden werden, als das Schwingen des Ich in seiner einsamen Wahrheit. Hier auch ist der Ort, wo das Verlangen nach immer höherer, unbedingterer Beziehung, nach der vollkommenen Teilnahme am Sein sich bildet und emporbildet. In der Subjektivität reift die geistige Substanz der Person.
Die Person wird sich ihrer selbst als eines am Sein Teilnehmenden, als eines Mitseienden, und so als eines Seienden bewußt. Das Eigenwesen wird sich seiner selbst als eines So-und-nicht-andersseienden bewußt. Die Person sagt: »Ich bin«, das Eigenwesen: »So bin ich«. »Erkenne dich selbst« bedeutet der Person: erkenne dich als Sein, dem Eigenwesen: erkenne dein Sosein. Indem das Eigenwesen sich gegen andre absetzt, entfernt es sich vom Sein.
Damit soll nicht gesagt sein, daß die Person ihr Sondersein, ihr Anderssein irgend »aufgäbe«;

es ist ihr an ihr nur nicht Blickpunkt, nur eben da, nur eben die notwendige und sinnvolle Fassung des Seins. Das Eigenwesen dagegen schlemmt an seinem Sondersein; vielmehr zumeist an der Fiktion seines Sonderseins, die es sich zurechtgemacht hat. Denn sich erkennen bedeutet ihm im Grund zumeist: eine geltungskräftige und es selbst immer gründlicher zu täuschen fähige Selbsterscheinung herstellen und sich in deren Anschauung und Verehrung den Schein einer Erkenntnis des eigenen Soseins verschaffen; dessen wirkliche Erkenntnis es zur Selbstvernichtung - oder zur Wiedergeburt führen würde.

Die Person schaut ihr Selbst, das Eigenwesen befaßt sich mit seinem Mein: meine Art, meine Rasse, mein Schaffen, mein Genius.

Das Eigenwesen nimmt an keiner Wirklichkeit teil und gewinnt keine. Es setzt sich gegen das Andere ab und sucht so viel davon als es kann in Besitz zu nehmen, durch Erfahren und Gebrauchen. Das ist *seine* Dynamik: das Sichabsetzen und die Besitznahme, beides am Es, beides im Unwirklichen geübt. Das Subjekt, als das es sich erkennt, mag sich noch so viel zu eigen machen, ihm wächst keine Substanz daraus, es bleibt punkthaft, funktionell, das Erfahrende, das Gebrauchende, nichts weiter. All sein ausgedehntes und vielfältiges Sosein, all seine eifrige »Individualität« kann ihm zu keiner Substanz verhelfen.

Es gibt nicht zweierlei Menschen; aber es gibt die zwei Pole des Menschentums.

Kein Mensch ist reine Person, keiner reines Eigenwesen, keiner ganz wirklich, keiner ganz unwirklich. Jeder lebt im zwiefältigen Ich. Aber es gibt Menschen, die so personbestimmt sind, daß man sie Person, und so eigenwesenbestimmte, daß man sie Eigenwesen nennen darf. Zwischen jenen und diesen trägt sich die wahre Geschichte aus.

Je mehr der Mensch, je mehr die Menschheit vom Eigenwesen beherrscht wird, um so tiefer verfällt das Ich der Unwirklichkeit. In solchen Zeiten führt die Person im Menschen und in der Menschheit eine unterirdische, verborgne, gleichsam ungültige Existenz - bis sie aufgerufen wird.

*

Der Mensch ist um so personhafter, je stärker in der menschlichen Zwiefalt seines Ich das des Grundworts Ich-Du ist.

Nach seinem Ichsagen - danach, was er meint, wenn er Ich sagt - entscheidet sich, wohin ein Mensch gehört und wohin seine Fahrt geht. Das Wort »Ich« ist das wahre Schibboleth der Menschheit.

Hört nur darauf!

Wie mißtönig ist das Ich des Eigenmenschen! Es kann zu dem großen Mitleiden bewegen, wenn es aus einem tragischen, vom Verschweigen eines Selbst-Widerspruchs gepreßten Munde kommt. Es kann zum Grauen bewegen, wenn es aus einem chaotischen, den Widerspruch wild, sorg- und ahnungslos darstellenden Munde kommt.

Wenn es aus einem eitlen und verglättenden kommt, ist es peinlich oder widerwärtig.
Wer das abgetrennte Ich mit großem Anfangsbuchstaben spricht, deckt die Schande des Weltgeistes auf, der zur Geistigkeit erniedrigt worden ist.
Aber wie schön und rechtmäßig klingt das so lebhafte, so nachdrückliche Ich des Sokrates! Es ist das Ich des unendlichen Gesprächs, und die Luft des Gesprächs umwittert es auf allen seinen Wegen, noch vor den Richtern und noch in der letzten Gefängnisstunde. Dieses Ich lebte in der Beziehung zum Menschen, die sich im Gespräch verkörpert. Es glaubte an die Wirklichkeit der Menschen und ging zu ihnen aus. So stand es mit ihnen in der Wirklichkeit, und sie verläßt es nicht mehr. Auch seine Einsamkeit kann nie Verlassenheit sein, und wenn die Menschenwelt ihm schweigt, hört es das Daimonion Du sagen.
Wie schön und rechtmäßig klingt das volle Ich Goethes! Es ist das Ich des reinen Umgangs mit der Natur; sie ergibt sich ihm und spricht unaufhörlich mit ihm, sie offenbart ihm ihre Geheimnisse und verrät doch ihr Geheimnis nicht. Es glaubt an sie und spricht zur Rose: »Du bist es also« - da steht es mit ihr in Einer Wirklichkeit. Daher bleibt, wenn es auf sich zurückgeht, der Geist des Wirklichen bei ihm, das Schauen der Sonne haftet an dem glücklichen Auge, das sich auf seine Sonnenhaftigkeit besinnt, und die Freundschaft der Elemente geleitet den Menschen in die Stille des Sterbens und Werdens.

So tönt das »zulängliche, wahre und reine« Ichsagen der Verbundenen, der sokratischen und der goethischen Personen, durch die Zeiten.
Und um vorwegnehmend aus dem Reich der unbedingten Beziehung ein Bild hierher zu stellen: wie gewaltig, bis zur Überwältigung, ist das Ichsagen Jesu, und wie rechtmäßig, bis zur Selbstverständlichkeit! Denn es ist das Ich der unbedingten Beziehung, darin der Mensch sein Du so Vater nennt, daß er selbst nur noch Sohn und nichts andres mehr als Sohn ist. Wann immer er Ich sagt, er kann nur noch das Ich des heiligen Grundworts meinen, das sich ihm ins Unbedingte hob. Rührt ihn je die Abgelöstheit an, die Verbundenheit ist größer; und nur aus ihr redet er zu den andern. Vergebens sucht ihr dieses Ich auf ein in sich Mächtiges oder dieses Du auf ein in uns Wohnendes einzuschränken und wieder einmal das Wirkliche, die gegenwärtige Beziehung, zu entwirklichen: es bleiben Ich und Du, jeder kann Du sprechen und ist dann Ich, jeder kann Vater sprechen und ist dann Sohn, die Wirklichkeit bleibt.

*

- Wie aber, wenn eines Menschen Sendung von ihm begehrt, daß er nur noch die Verbundenheit mit seiner Sache, also kein wirkliches Verhältnis zu einem Du, keine Vergegenwärtigung eines Du mehr kenne; daß alles um ihn Es, eben seiner Sache dienstbares Es werde? Wie steht es um das

Ichsagen Napoleons? Ist es nicht rechtmäßig? Ist dieses Phänomen des Erfahrens und Gebrauchens keine Person?
- In der Tat, der Herr des Zeitalters kannte offenbar die Dimension des Du nicht. Man hat es richtig bezeichnet: alles Wesen war ihm *valore*. Er, der die ihn nach seinem Sturz verleugnenden Anhänger in milder Bedeutung mit Petrus verglich, hatte niemand, den er hätte verleugnen können; denn er hatte niemand, den er als Wesen anerkannte. Er war das dämonische Du der Millionen, das nicht antwortende, das auf Du mit Es antwortende, das im Persönlichen fiktiv antwortende, - das nur in seiner Sphäre, der seiner Sache, nur mit seinen Taten antwortende. Dies ist die geschichtselementare Schranke, wo das Grundwort der Verbundenheit seine Realität, seinen Charakter der Wechselwirkung verliert: das dämonische Du, dem keiner Du werden kann. Diesen Dritten zu Person und Eigenwesen, zu dem freien und dem willkürlichen Menschen, nicht zwischen ihnen, diesen Dritten gibt es, schicksalhaft ragend in Schicksalszeiten: dem alles zuglüht und der selbst in einem kalten Feuer steht; zu dem tausendfache, von dem keine Beziehung führt; der an keiner Wirklichkeit teilnimmt und an dem unermeßlich teilgenommen wird als an einer Wirklichkeit.
Wohl sieht er die Wesen um sich als zu verschiedener Leistung befähigte Motoren, die es für die Sache zu berechnen und zu verwenden gilt. So aber auch sich selber (nur daß er seine Leistungs-

kraft immer neu im Experiment ermitteln muß und doch ihre Grenzen nicht erfährt). Auch er selbst wird von sich als Es behandelt.
So ist denn sein Ichsagen kein lebhaft nachdrückliches, kein volles; aber erst recht nicht ein (wie beim modernen Eigenmenschen) dergleichen vortäuschendes. Er spricht gar nicht von sich, er spricht nur »von sich aus«. Das Ich, das er redet und schreibt, ist das notwendige Satzsubjekt seiner Feststellungen und Anordnungen, nicht mehr und nicht weniger; es hat keine Subjektivität, aber es hat auch kein sich mit dem Sosein befassendes Selbstbewußtsein und erst recht keinen Wahn der Selbsterscheinung. »Ich bin die Uhr, die besteht und sich nicht kennt« - so hat er selbst seine Schicksalhaftigkeit, die Wirklichkeit dieses Phänomens und die Unwirklichkeit dieses Ich ausgesprochen, in der Zeit, als er aus seiner Sache geworfen war und nun erst von sich sprechen, sich denken mußte und durfte, nun erst sich auf sein Ich besinnen, - das nun erst erschien. Das erscheinende ist nicht bloßes Subjekt, aber auch zur Subjektivität gerät es nicht; entzaubert, aber nicht erlöst, spricht es sich in dem furchtbaren, so rechtmäßigen wie unrechtmäßigen Wort aus: »Das All betrachtet Uns!« Zuletzt versinkt es wieder, im Geheimnis.
Wer möchte, nach solchem Schritt und solchem Untergang, zu behaupten wagen, dieser Mensch habe seine ungeheure, ungeheuerliche Sendung verstanden, - oder, er habe sie mißverstanden? Gewiß ist, daß das Zeitalter, dessen Herr und

Vorbild der Dämonische, Gegenwartslose geworden ist, ihn mißversteht. Es weiß nicht, daß hier Schickung und Vollzug, nicht Machtbrunst und Machtgenuß walten. Es begeistert sich am Gebietertum dieser Stirn und ahnt nicht, welche Zeichen darauf geschrieben stehen wie Ziffern auf dem Blatt der Uhr. Es befleißt sich, diesen Blick auf die Wesen nachzuahmen, ohne seine Not und Nötigung zu begreifen, und vertauscht die Sachstrenge dieses Ich mit gärender Eigenbewußtheit. Das Wort »Ich« bleibt das Schibboleth der Menschheit. Napoleon sprach es ohne Beziehungskraft, aber er sprach es als das Ich eines Vollzugs. Wer es ihm nachzusprechen sich bemüht, verrät nur die Heillosigkeit des eignen Selbst-Widerspruchs.

*

- Was ist das: Selbst-Widerspruch?
- Wenn der Mensch das Apriori der Beziehung nicht an der Welt bewährt, das eingeborene Du nicht am begegnenden auswirkt und verwirklicht, dann schlägt es nach innen. Es entfaltet sich am unnatürlichen, am unmöglichen Gegenstand, am Ich; das heißt: es entfaltet sich da, wo es gar keinen Ort zur Entfaltung hat. So entsteht das Gegenübertreten in sich selbst, das nicht Beziehung, Gegenwart, strömende Wechselwirkung, sondern nur Selbstwiderspruch sein kann. Der Mensch mag ihn als eine Beziehung, etwa als eine religiöse, auszudeuten versuchen, um sich

dem Grauen des Doppelgängertums zu entwinden: er muß immer wieder das Trügerische der Deutung entdecken. Hier ist der Rand des Lebens. Ein Unerfülltes ist hier in den wahnwitzigen Schein einer Erfüllung geflüchtet; nun tastet es in den Irrgängen umher und verliert sich immer tiefer.

*

Zuweilen, wenn es den Menschen in der Verfremdung zwischen Ich und Welt schaudert, überkommt ihn die Erwägung, daß etwas zu tun sei. Wie wenn du in schlimmer Mitternacht vom Wachtraum gepeinigt liegst, die Bollwerke sind zerfallen und die Abgründe schreien, und du merkst mitten in der Pein: es gibt das Leben noch, ich muß nur hindurch zu ihm - wie aber, wie?: so der Mensch in den Stunden der Besinnung, schaudernd, erwägend und richtungslos. Und vielleicht weiß er die Richtung doch, ganz unten, mit dem ungeliebten Wissen der Tiefe, die Richtung der Umkehr, die über das Opfer führt. Aber er verwirft dieses Wissen; das »Mystische« hält der elektrischen Sonne nicht stand. Er ruft den Gedanken herbei, dem er - mit Recht - viel zutraut: der soll ihm alles wieder gutmachen. Es ist ja die hohe Kunst des Gedankens, ein zuverlässiges und geradezu glaubhaftes Weltbild zu malen. So sagt der Mensch zu seinem Gedanken: »Sieh diese furchtbar Lagernde da mit den grausamen Augen - ist es nicht dieselbe, mit der ich einst gespielt habe? Weißt du noch, wie sie mich damals

anlachte mit eben diesen Augen, und da waren sie gut? Und sieh mein elendes Ich - ich will dirs gestehn: es ist leer, und was immer ich in mich tue, aus Erfahrung und Gebrauch, es dringt nicht in seine Höhlung. Willst dus nicht wieder gutmachen zwischen mir und ihr, daß sie ablasse und ich genese?« Und der dienst- und kunstfertige Gedanke malt mit seiner berühmten Schnelligkeit eine - nein, zwei Bildreihen, auf rechte und linke Wand. Auf der einen ist (vielmehr: geschieht, denn die Weltbilder des Gedankens sind zuverlässige Kinematographie) das Universum. Dem Wirbel der Gestirne enttaucht die kleine Erde, dem Wimmeln auf der Erde enttaucht der kleine Mensch, und nun trägt ihn die Geschichte weiter durch die Zeiten, die Ameisenhügel der Kulturen, die sie zertritt, beharrlich wieder aufzubauen. Unter der Bilderreihe steht geschrieben: »Eins und alles«. Auf der andern geschieht die Seele. Eine Spinnerin spinnt: das Kreisen aller Gestirne und das Leben aller Geschöpfe und die ganze Weltgeschichte; alles ist eines Fadens Gespinst, und heißt nicht mehr Gestirne und Geschöpfe und Welt, sondern Empfindungen und Vorstellungen, oder gar Erlebnisse und Seelenzustände. Und unter der Bilderreihe steht geschrieben: »Eins und alles«.
Wenn den Menschen fortan einmal in der Verfremdung schaudert und die Welt ihn ängstet, blickt er auf (rechtshin oder linkshin, wie es sich grad schickt) und erblickt ein Bild. Da sieht er, daß das Ich in der Welt steckt und daß es das Ich

eigentlich gar nicht gibt, also kann die Welt dem Ich nichts anhaben, und er beruhigt sich; oder er sieht, daß die Welt im Ich steckt und daß es die Welt eigentlich gar nicht gibt, also kann die Welt dem Ich nichts anhaben, und er beruhigt sich. Und ein andermal, wenn den Menschen in der Verfremdung schaudert und das Ich ihn ängstet, blickt er auf und erblickt ein Bild; und welches er sieht, gleichviel, das leere Ich ist mit Welt vollgestopft oder die Weltflut überströmt es, und er beruhigt sich.

Aber ein Augenblick kommt, und er ist nah, da sieht der schaudernde Mensch auf und sieht in einem Blitz beide Bilder auf einmal. Und ein tieferer Schauder erfaßt ihn.

DRITTER TEIL

Die verlängerten Linien der Beziehungen schneiden sich im ewigen Du.
Jedes geeinzelte Du ist ein Durchblick zu ihm. Durch jedes geeinzelte Du spricht das Grundwort das ewige an. Aus diesem Mittlertum des Du aller Wesen kommt die Erfülltheit der Beziehungen zu ihnen, und die Unerfülltheit. Das eingeborene Du verwirklicht sich an jeder und vollendet sich an keiner. Es vollendet sich einzig in der unmittelbaren Beziehung zu dem Du, das seinem Wesen nach nicht Es werden kann.

*

Ihr ewiges Du haben die Menschen mit vielen Namen angesprochen. Als sie von dem so Benannten sangen, meinten sie immer noch Du: die ersten Mythen waren Lobgesänge. Dann kehrten die Namen in die Essprache ein; immer stärker trieb es die Menschen, ihr ewiges Du als ein Es zu bedenken und zu bereden. Aber alle Gottesnamen bleiben geheiligt: weil in ihnen nicht bloß von Gott, sondern auch zu ihm geredet worden ist.
Manche wollen verweisen, das Wort Gott rechtmäßig zu gebrauchen, weil es so mißbraucht sei. Und gewiß ist es das beladenste aller Menschenworte. Eben darum ist es das unvergänglichste und unumgänglichste. Und was wiegt alle Irr-Rede über Gottes Wesen und Werke (wiewohl es keine andere gegeben hat und geben kann) gegen die Eine Wahrheit, daß alle Menschen, die Gott angesprochen haben, ihn selbst meinten? Denn

wer das Wort Gott spricht und wirklich Du im Sinn hat, spricht, in welchem Wahn immer er befangen sei, das wahre Du seines Lebens an, das von keinem andern eingeschränkt zu werden vermag und zu dem er in einer Beziehung steht, die alle andern einschließt.
Aber auch wer den Namen verabscheut und gottlos zu sein wähnt, wenn der mit seinem ganzen hingegebnen Wesen das Du seines Lebens anspricht, als das von keinem andern eingeschränkt zu werden vermag, spricht er Gott an.

*

Wenn wir eines Wegs gehen und einem Menschen begegnen, der uns entgegenkam und auch eines Wegs ging, kennen wir nur unser Stück, nicht das seine, das seine nämlich erleben wir nur in der Begegnung.
Von dem vollkommnen Beziehungsvorgang wissen wir, in der Art des Gelebthabens, unser Ausgegangensein, unser Wegstück. Das andre widerfährt uns nur, wir wissen es nicht. Es widerfährt uns in der Begegnung. Aber wir verheben uns daran, wenn wir davon als von einem Etwas jenseits der Begegnung reden.
Womit wir uns zu befassen, worum wir uns zu bekümmern haben, ist nicht die andre, sondern unsre Seite; ist nicht die Gnade, sondern der Wille. Die Gnade geht uns insofern an, als wir zu ihr ausgehn und ihrer Gegenwart harren; unser Gegenstand ist sie nicht.
Das Du tritt mir gegenüber. Aber ich trete in die

unmittelbare Beziehung zu ihm. So ist die Beziehung Erwähltwerden und Erwählen, Passion und Aktion in einem. Wie denn eine Aktion des ganzen Wesens, als die Aufhebung aller Teilhandlungen und somit aller (nur in deren Grenzhaftigkeit gegründeter) Handlungsempfindungen, der Passion ähnlich werden muß.

Das ist die Tätigkeit des ganz gewordenen Menschen, die man das Nichttun genannt hat, wo sich nichts Einzelnes mehr, nichts Teilhaftes mehr am Menschen regt, also auch nichts von ihm in die Welt eingreift; wo der ganze, in seiner Ganzheit geschloßne, in seiner Ganzheit ruhende Mensch wirkt; wo der Mensch eine wirkende Ganzheit geworden ist. In dieser Verfassung Stetigkeit gewonnen haben heißt zur höchsten Begegnung ausgehen können.

Dazu bedarf es nicht eines Abstreifens der Sinnenwelt als einer Scheinwelt. Es gibt keine Scheinwelt, es gibt nur die Welt; die uns freilich zwiefältig erscheint nach unserer zwiefältigen Haltung. Nur der Bann der Abgetrenntheit ist abzutun. Es bedarf auch keines »Überschreitens der sinnlichen Erfahrung«; jede Erfahrung, auch die geistigste könnte uns nur ein Es ergeben. Es bedarf auch keiner Hinwendung zu einer Welt der Ideen und Werte: die uns nicht Gegenwart werden kann. All dessen bedarf es nicht. Kann man sagen, wessen es bedarf? Nicht im Sinn einer Vorschrift. Alles, was je in den Zeiten des Menschengeistes ersonnen und erfunden worden ist an Vorschrift, an angebbarer Vorbereitung,

Übung, Versenkung, hat mit dem ureinfachen Faktum der Begegnung nichts zu schaffen. Was immer für Vorteile an Erkenntnis oder Machtwirkung dieser oder jener Übung zu verdanken sein möchten, all das rührt nicht daran, wovon hier gesprochen wird. Es hat in der Eswelt seinen Platz und führt nicht einen Schritt, führt nicht *den* Schritt aus ihr. Im Sinn von Vorschriften ist das Ausgehen unlehrbar. Es ist nur aufzeigbar, so nämlich, daß man einen Kreis zieht, der alles ausschließt, was nicht dieses ist. Dann wird das eine sichtbar, worauf es ankommt: die vollkommne Akzeptation der Gegenwart.

Freilich setzt die Akzeptation, je weiter der Mensch sich in das Abgetrenntsein verlaufen hat, ein um so schwereres Wagnis, eine um so elementarere Umkehr voraus; ein Aufgeben nicht etwa des Ich, wie die Mystik zumeist meint: das Ich ist wie zu jeder Beziehung so auch zur höchsten unerläßlich, da sie nur zwischen Ich und Du geschehen kann; ein Aufgeben also nicht des Ich, aber jenes falschen Selbstbehauptungstriebs, der den Menschen vor der unzuverlässigen, undichten, dauerlosen, unübersehbaren, gefährlichen Welt der Beziehung in das Haben der Dinge flüchten läßt.

*

Jede wirkliche Beziehung zu einem Wesen oder einer Wesenheit in der Welt ist ausschließlich. Losgemacht, herausgetreten, einzig und gegenüber wesend ist ihr Du. Es füllt den Himmelskreis: nicht als ob nichts anderes wäre, aber alles andre lebt in *seinem* Licht. Solang die Gegenwart der Beziehung währt, ist diese ihre Weltweite unantastbar. Sowie jedoch ein Du zu Es wird, erscheint die Weltweite der Beziehung als ein Unrecht an der Welt, ihre Ausschließlichkeit als eine Ausschließung des Alls.

In der Beziehung zu Gott sind unbedingte Ausschließlichkeit und unbedingte Einschließlichkeit eins. Wer in die absolute Beziehung tritt, den geht nichts Einzelnes mehr an, nicht Dinge und nicht Wesen, nicht Erde und nicht Himmel; aber alles ist in der Beziehung eingeschlossen. Denn nicht von allem absehen heißt in die reine Beziehung treten, sondern alles im Du sehen; nicht der Welt entsagen, sondern sie in ihren Grund stellen. Von der Welt wegblicken, das hilft nicht zu Gott; auf die Welt hinstarren, das hilft auch nicht zu ihm; aber wer die Welt in ihm schaut, steht in seiner Gegenwart. »Hier Welt, dort Gott« - das ist Es-Rede; und »Gott in der Welt« - das ist andre Es-Rede; aber nichts ausschalten, nichts dahinterlassen, alles - all die Welt mit im Du begreifen, der Welt ihr Recht und ihre Wahrheit geben, nichts neben Gott, aber auch alles in ihm fassen, das ist vollkommne Beziehung.

Man findet Gott nicht, wenn man in der Welt bleibt, man findet Gott nicht, wenn man aus der Welt geht. Wer mit dem ganzen Wesen zu seinem Du ausgeht und alles Weltwesen ihm zuträgt, findet ihn, den man nicht suchen kann.

Gewiß ist Gott »das ganz Andere«; aber er ist auch das ganz Selbe: das ganz Gegenwärtige.

Gewiß ist er das Mysterium tremendum, das erscheint und niederwirft; aber er ist auch das Geheimnis des Selbstverständlichen, das mir näher ist als mein Ich.
Wenn du das Leben der Dinge und der Bedingtheit ergründest, kommst du an das Unauflösbare, wenn du das Leben der Dinge und der Bedingtheit bestreitest, gerätst du vor das Nichts, wenn du das Leben heiligst, begegnest du dem lebendigen Gott.

*

Der Du-Sinn des Menschen, dem aus den Beziehungen zu allem einzelnen Du die Enttäuschung des Eswerdens widerfährt, strebt über sie alle hinaus und doch nicht hinweg seinem ewigen Du zu. Nicht wie man etwas sucht: es gibt in Wahrheit kein Gott-Suchen, weil es nichts gibt, wo man ihn nicht finden könnte. Wie töricht und hoffnungslos wäre einer, der vom Weg seines Lebens abwiche, um Gott zu suchen: ob er auch alle Weisheit der Einsamkeit und alle Macht der Sammlung gewänne, ihn verfehlte er. Vielmehr ist es, wie wenn einer seines Wegs geht und nur eben wünscht, es möchte *der* Weg sein; in der Kraft seines Wunsches äußert sich sein Streben. Jedes Beziehungsereignis ist eine Station, die ihm einen Blick in das erfüllende auftut; so ist er in allen des einen unteilhaftig, aber teilhaftig auch, weil er gewärtig ist. Gewärtig, nicht suchend, geht er seines Wegs; daher hat er die Gelassenheit zu allen Dingen und die Berührung, die ihnen hilft. Aber wenn er gefunden hat, ist sein

Herz ihnen nicht abgewandt, ob ihm nun auch alles in einem begegnet. Er segnet alle Zellen, die ihn beherbergt haben, und alle, in denen er noch einkehren wird. Denn dieses Finden ist nicht ein Ende des Wegs, nur seine ewige Mitte.
Es ist ein Finden ohne Suchen; ein Entdecken dessen, was das Ursprünglichste und der Ursprung ist. Der Du-Sinn, der sich nicht ersättigen kann, bis er das unendliche Du findet, hatte es vom Anfang sich gegenwärtig: die Gegenwart mußte ihm nur ganz wirklich werden, aus der Wirklichkeit des geheiligten Weltlebens.
Es ist nicht so, daß Gott aus irgend etwas erschlossen werden könnte, etwa aus der Natur als ihr Urheber, oder aus der Geschichte als ihr Lenker, oder auch aus dem Subjekt als das Selbst, das sich in ihm denkt. Es ist nicht so, daß irgend etwas anderes »gegeben« und dies erst daraus abgeleitet wäre, sondern dies ist das uns unmittelbar und zunächst und dauernd gegenüber Wesende: das rechtmäßig nur angesprochen, nicht ausgesagt werden kann.

*

Man will als das wesentliche Element in der Beziehung zu Gott ein Gefühl ansehn, das man Abhängigkeitsgefühl, neuerdings genauer Kreaturgefühl nennt. So richtig die Heraushebung und Bestimmung dieses Elements ist, so sehr wird durch dessen gegengewichtslose Betonung der Charakter der vollkommnen Beziehung verkannt.

Was von der Liebe schon gesagt worden ist, gilt hier noch gewisser: Gefühle begleiten nur das Faktum der Beziehung, die sich ja nicht in der Seele, sondern zwischen Ich und Du vollzieht. Man mag ein Gefühl noch so essentiell verstehen, es bleibt der Dynamik der Seele unterworfen, wo eins vom andern überholt, übertroffen, aufgehoben wird; es steht - zum Unterschied von der Beziehung - in einer Skala. Vor allem aber hat jedes Gefühl seinen Platz innerhalb einer polaren Spannung; es zieht seine Farbe und seine Bedeutung nicht aus sich allein, sondern aus seinem Gegenpol auch; jedes Gefühl ist gegensatzbedingt. So wird die absolute Beziehung, die in der Wirklichkeit alle relativen einschließt und kein Teil mehr wie sie sondern das Ganze als ihrer aller Vollendung und Einswerden ist, in der Psychologie relativiert, indem sie auf ein herausgehobnes und abgegrenztes Gefühl zurückgeführt wird.
Von der Seele aus kann die vollkommne Beziehung nur bipolar, nur als die coincidentia oppositorum, als die Einung der Gefühlsgegensätze erfaßt werden. Freilich entschwindet der eine Pol oft - von der religiösen Grundeinstellung der Person niedergehalten - dem rückschauenden Bewußtsein und kann nur in der reinsten, unbefangensten Tiefenbesinnung erinnert werden.
Ja, du hast dich in der reinen Beziehung schlechthin abhängig gefühlt, wie du dich in keiner andern irgend zu fühlen vermögend bist, - und schlechthin frei auch, wie nie und nirgends sonst; kreaturhaft - und kreatorisch. Da hattest du

nicht mehr das eine, vom andern eingeschränkt, sondern beides schrankenlos, und beides mitsammen.
Daß du Gott brauchst, mehr als alles, weißt du allzeit in deinem Herzen; aber nicht auch, daß Gott dich braucht, in der Fülle seiner Ewigkeit dich? Wie gäbe es den Menschen, wenn Gott ihn nicht brauchte, und wie gäbe es dich? Du brauchst Gott, um zu sein, und Gott braucht dich - zu eben dem, was der Sinn deines Lebens ist. Belehrungen und Gedichte mühen sich mehr zu sagen, und sagen zuviel: welch ein trübes und überhebliches Gerede, das vom »werdenden Gott« - aber ein Werden des seienden Gottes ist, das wissen wir unverbrüchlich in unserem Herzen. Die Welt ist nicht göttliches Spiel, sie ist göttliches Schicksal. Daß es die Welt, daß es den Menschen, daß es die menschliche Person, dich und mich gibt, hat göttlichen Sinn.
Schöpfung - sie geschieht an uns, sie glüht sich uns ein, glüht uns um, wir zittern und vergehn, wir unterwerfen uns. Schöpfung - wir nehmen an ihr teil, wir begegnen dem Schaffenden, reichen uns ihm hin, Helfer und Gefährten.
Zwei große Diener gehen durch die Zeiten, das Gebet und das Opfer. Der Beter schüttet sich in rückhaltloser Abhängigkeit hin, und weiß sich - unbegreifbar - auf Gott wirken, wenn auch nicht eben von Gott erwirken; denn wenn er sich nichts mehr begehrt, sieht er sein Wirken in der höchsten Flamme brennen. Und der Opferer? Ich kann ihn nicht verachten, den redlichen Knecht

der Vorzeit, der meinte, Gott habe Verlangen nach dem Duft seines Brandopfers: er wußte, in einer närrischen und kräftigen Weise, daß man Gotte geben kann und soll; und das weiß auch, wer seinen kleinen Willen Gott darbringt und ihm im großen begegnet. »Dein Wille geschehe«, nicht mehr als das spricht er, aber die Wahrheit spricht weiter für ihn: »durch mich, den du brauchst«. Was unterscheidet Opfer und Gebet von aller Magie? Diese will wirken, ohne in die Beziehung einzutreten, und übt Künste im Leeren; sie aber stellen sich »vor das Angesicht«, in die Vollendung des heiligen Grundworts, das Wechselwirkung bedeutet. Sie sprechen Du, und vernehmen.

Die reine Beziehung als Abhängigkeit verstehen wollen heißt den einen Träger der Beziehung und damit sie selber entwirklichen wollen.

*

Von der entgegengesetzten Seite aus geschieht das gleiche, wenn man als das wesentliche Element im religiösen Akt die Versenkung oder Einwandlung in das Selbst ansieht - sei es durch dessen Entledigung von aller ichhaften Bedingtheit, sei es durch dessen Erfassung als des Einen Denkenden und Seienden. Die erste Betrachtungsweise meint, daß Gott in das ichledige Wesen eingehe oder dieses in Gott aufgehe, die andre, daß es unmittelbar in sich selbst als dem göttlichen

Einen stehe; die erste also, daß in einem höchsten Moment das Dusagen aufhöre, weil keine Zweiheit mehr sei, die andre, daß das Dusagen überhaupt nicht in Wahrheit bestehe, weil in Wahrheit keine Zweiheit sei; die erste glaubt an die Vereinigung, die andre an die Identität des Menschlichen mit dem Göttlichen. Beide behaupten ein Jenseits von Ich und Du, die erste ein - etwa in der Ekstase - werdendes, die andre ein seiendes und sich - etwa in der Selbstschau des denkenden Subjekts - offenbarendes. Beide heben die Beziehung auf, die erste gleichsam dynamisch durch das Verschlungenwerden des Ich vom Du, das nun aber eben nicht mehr Du, sondern das Alleinseiende ist, die andre gleichsam statisch durch das sich als das Alleinseiende Erkennen des zum Selbst gelösten Ich. Wenn die Abhängigkeitslehre den Ich-Träger des Weltbogens der reinen Beziehung so schwach und nichtig sieht, daß seine Tragfähigkeit nicht mehr glaubhaft ist, läßt die eine Versenkungslehre den Bogen in seiner Vollendung verschwinden, die andre behandelt ihn als ein zu überwindendes Wahnbild.

Die Versenkungslehren berufen sich auf die großen Sprüche der Identifizierung - die eine vor allem auf das johanneische »Ich und der Vater sind eins«, die andre auf die Lehre des Sandilya: »Das Allumfassende, dieses ist mein Selbst im inneren Herzen«.

Die Wege dieser Sprüche sind einander entgegengesetzt. Der erste entspringt (nach unterirdischem Strömen) dem mythengroßen Leben einer Person und entfaltet sich in einer Lehre, der andre taucht in einer Lehre auf und mündet (vorerst) im mythengroßen Leben einer Person. Auf diesen Wegen wandelt sich der Charakter des Spruchs. Der Christus der johanneischen Tradition, das einmalig fleischgewordene Wort, führt zum eckhartschen, den Gott ewiglich in der Menschenseele zeugt; die upanischadische Krönungsformel des Selbst: »Das ist das Wirkliche, es ist das Selbst, und das bist du« führt in weit kürzerer Frist zu der buddhischen Absetzungsformel: »Ein Selbst und ein Selbstgehöriges ist in Wahrheit und Wirklichkeit nicht zu erfassen«.

Beider Wege Anfang und Ende wollen gesondert betrachtet sein.

Daß die Berufung auf das »sind eins« nicht begründet ist, wird jedem offenbar, der unbefangen Abschnitt für Abschnitt das Evangelium nach Johannes liest. Es ist recht eigentlich das Evangelium der reinen Beziehung. Hier ist Wahreres als der geläufige Mystenvers: »Ich bin du und du bist ich«. Der Vater und der Sohn, die Wesensgleichen - wir dürfen sagen: Gott und der Mensch, die Wesensgleichen, sind die unaufhebbar wirklichen Zwei, die zwei Träger der Urbeziehung, die von Gott zum Menschen Sendung und Befehl, vom Menschen zu Gott Schauen und Vernehmen, zwischen beiden Erkenntnis und Liebe heißt und in der der Sohn, wiewohl der Vater in ihm wohnt und wirkt, sich dem »Größeren« beugt und zu ihm betet. Alle modernen Versuche, diese Urwirklichkeit der Zwiesprache in ein Verhältnis des Ich zum Selbst oder dergleichen, in einen in der sich genügenden Innerlichkeit des Menschen beschlossenen Vorgang umzudeuten, sind vergeblich; sie gehören mit in die abgründige Geschichte der Entwirklichung.

- Aber die Mystik? Sie berichtet, wie Einheit ohne Zweiheit erlebt wird. Darf die Treue ihres Berichts angezweifelt werden?

- Ich weiß nicht von einem allein, sondern von zweierlei Geschehnis, darin man keiner Zweiheit mehr gewahr wird. Die Mystik vermengt sie zuweilen in ihrer Rede; auch ich habe es einst getan.

Das eine ist das Einswerden der Seele. Das ist nicht etwas, was sich zwischen dem Menschen und Gott, sondern etwas, was sich im Menschen ereignet. Die Kräfte sammeln sich in den Kern ein, alles, was sie abziehn will, wird einbewältigt, das Wesen steht allein in sich selbst und jubiliert, wie Paracelsus sagt, in seiner Exaltation. Das ist der entscheidende Augenblick des Menschen. Ohne ihn ist er zum Werk des Geistes nicht tauglich. Mit ihm: es entscheidet sich in einem Innersten, ob dies Rüste oder Genügen bedeutet. Der Mensch kann, zur Einheit eingesammelt, zur nun erst vollkommen geratenden Begegnung mit dem Geheimnis und Heil ausgehn. Er kann aber auch die Seligkeit der Sammlung auskosten und, ohne sich in die höchste Pflicht zu nehmen, in die Zerstreuung zurückkehren. Alles auf unserm Weg ist Entscheidung: gemeinte, geahnte, ge-

heime; diese im Innersten ist die urgeheime und an Bestimmung mächtigste.
Das andre Geschehnis ist jene unausforschliche Art des Beziehungsakts selbst, darin man Zwei zu Eins werden wähnt: »ein und ein vereinet da liuhtet bloz in bloz«. Ich und Du versinken, die Menschheit, die eben noch der Gottheit gegenüberstand, geht in ihr auf, Verherrlichung, Vergottung, Alleinheit ist erschienen. Wenn einer aber verklärt und erschöpft in die Not des irdischen Getriebes zurückkehrt und mit wissendem Herzen beides besinnt, muß ihm da das Sein nicht gespalten und mit dem einen Teil der Heillosigkeit preisgegeben vorkommen? Was hilft es meiner Seele, daß sie aus dieser Welt hier von neuem in die Einheit entrückt werden kann, da doch diese Welt selbst der Einheit notwendigerweise gänzlich unteilhaftig bleibt - was frommt aller »Gottesgenuß« einem entzweigerissenen Leben? Hat jenes überschwenglich reiche himmlische Nu mit meinem armen Erdennu nichts zu tun - was soll es mir, da ich doch auf Erden noch zu leben, in allem Ernst noch zu leben habe? So sind die Meister zu verstehen, die den Wonnen der »Einungs«-Ekstase entsagt haben.
Die keine Einung war. Ich nehme die Menschen zum Gleichnis, die in der Leidenschaft des erfüllenden Eros so vom Wunder der Umschlingung verzückt werden, daß ihnen das Wissen um Ich und Du im Gefühl einer Einheit untergeht, die nicht besteht und nicht bestehen kann. Was der Ekstatiker Einung nennt, das ist die verzückende

Dynamik der Beziehung; nicht eine in diesem Augenblick der Weltzeit entstandene Einheit, die Ich und Du verschmilzt, sondern die Dynamik der Beziehung selbst, die sich vor deren einander unverrückbar gegenüberstehende Träger stellen und sie dem Gefühl des Verzückten verdecken kann. Hier waltet dann eine randhafte Übersteigerung des Beziehungsakts; die Beziehung selbst, ihre vitale Einheit wird so vehement empfunden, daß ihre Glieder vor ihr zu verblassen scheinen, daß über *ihrem* Leben das Ich und das Du, zwischen denen sie gestiftet ist, vergessen werden. Hier ist eine der Erscheinungen des Randes, zu dem sich die Wirklichkeit hinbreitet und an dem sie verschwimmt. Aber größer als alle Rätselwebe am Rande des Seins ist uns die zentrale Wirklichkeit der alltäglichen Erdenstunde, mit einem Streifen Sonne auf einem Ahornzweig und der Ahnung des ewigen Du.
Dem jedoch will sich der Anspruch der andern Versenkungslehre widersetzen, daß das Allwesen und das Selbstwesen dasselbe seien und also kein Dusagen eine letzte Wirklichkeit zu gewähren vermöge.
Diesen Anspruch beantwortet die Lehre selbst. Eine Upanischad erzählt, wie der Götterfürst Indra zu Pradschapati, dem Schöpfergeist, kommt, um zu erfahren, wie man das Selbst finde und erkenne. Er weilt ein Jahrhundert im Schülerstand, wird zweimal mit unzulänglicher Auskunft entlassen, bis sich ihm endlich die rechte zuteilt: »Wenn einer im Tiefschlaf beschlossen

traumlos ruht, dies ist das Selbst, dies ist das Unsterbliche, das Gesicherte, das Allwesen«. Indra zieht von dannen, aber bald beschleicht ihn ein Bedenken; er kehrt um und fragt: »In solcher Verfassung, o Erhabener, weiß einer doch nicht von seinem Selbst: ‚Das bin ich', und nicht: ‚Das sind die Wesen'. Der Vernichtung ist er anheimgefallen. Ich sehe hier kein Frommen.« »Ganz so, Herr, verhält es sich damit«, entgegnet Pradschapati.

Insofern die Lehre eine Aussage über das wahre Sein enthält, hat sie, wie immer es um ihren - in diesem Leben nicht zu ermittelnden - Wahrheitsgehalt steht, mit Einem nichts gemein: mit der gelebten Wirklichkeit; sie muß diese denn auch zur Scheinwelt erniedern. Und insofern die Lehre eine Anleitung zur Versenkung in das wahre Sein enthält, führt sie nicht in gelebte Wirklichkeit, sondern in die »Vernichtung«, in der kein Bewußtsein waltet, aus der kein Gedächtnis leitet, und als deren Erfahrung der Mensch, der ihr entaucht ist, immerhin das Grenzwort der Nichtzweiheit bekennen mag, doch ohne diese als die Einheit proklamieren zu dürfen.

Wir aber wollen das heilige Gut unserer Wirklichkeit, das uns für dieses Leben, und vielleicht für kein anderes, wahrheitsnäheres, geschenkt ist, heilig pflegen.

In der gelebten Wirklichkeit gibt es keine Einheit des Seins. Wirklichkeit besteht nur im Wirken, ihre Kraft und Tiefe in der seinen. Auch »innere« Wirklichkeit ist nur, wenn Wechselwirkung ist.

Die stärkste und tiefste Wirklichkeit ist, wo alles ins Wirken eingeht, der ganze Mensch ohne Rückhalt und der allumfassende Gott, das geeinte Ich und das schrankenlose Du.

Das geeinte Ich: denn es gibt (ich sprach schon davon) in der gelebten Wirklichkeit das Einswerden der Seele, die Einsammlung der Kräfte in den Kern, den entscheidenden Augenblick des Menschen. Aber das ist nicht wie jene Versenkung ein *Absehen* von der wirklichen Person. Die Versenkung will nur das »Reine«, das Eigentliche, das Dauernde wahren und alles andere abstreifen; die Einsammlung achtet das Triebhafte nicht zu unrein, das Sinnenhafte nicht zu peripher, das Gemüthafte nicht zu flüchtig, - alles muß einbezogen, einbewältigt werden. Sie will nicht das abgezogene Selbst, sie will den ganzen, ungeschmälerten Menschen. Sie meint Wirklichkeit und ist es.

Die Versenkungslehre fordert und verheißt die Einkehr in das Eine Denkende, »das wovon diese Welt gedacht wird«, in das reine Subjekt. Aber in der gelebten Wirklichkeit gibt es kein Denkendes ohne Gedachtes, vielmehr ist hier das Denkende auf das Gedachte nicht minder als dieses auf jenes angewiesen. Ein Subjekt, das sich des Objekts enthebt, hebt sich als wirkliches auf. Ein Denkendes für sich gibt es - im Denken, als dessen Erzeugnis und Gegenstand nämlich, als vorstellungsfreien Grenzbegriff; sodann in der vorwegnehmenden Determination des Todes, für den man auch sein Gleichnis, den schier ebenso undurchdringlichen Tiefschlaf setzen kann; und endlich in der Aussage der Lehre über einen tiefschlafähnlichen Zustand der Versenkung, der seinem Wesen nach ohne Bewußtsein und ohne Gedächtnis ist. Dies sind die höchsten Aufgipflungen der Es-Sprache. Man muß die sublime Kraft ihres Absehens verehren, und mit eben diesem verehrenden Blick sie erkennen als das immerhin zu Erlebende, aber nicht zu Lebende.

Buddha, der »Vollendete« und der Vollender, sagt nicht aus. Er weigert sich zu behaupten, daß Einheit sei, und daß sie nicht sei; daß der durch alle Proben der Versenkung Gegangene nach dem Tod in der Einheit bestehe, und daß er nicht in ihr bestehe. Diese Weigerung, dieses »edle Schweigen« wird auf zweierlei Art erklärt; theoretisch: weil die Vollendung den Kategorien des Denkens und der Aussage entzogen sei; praktisch: weil die Enthüllung ihres Wesensbestands nicht ein wahrhaftes Heilsleben begründe. Beide Erklärungen gehören als Wahrheit zusammen: wer das Seiende als Gegenstand einer Aussage behandelt, zieht es in die Schiedlichkeit, die Antithetik der Eswelt - in der es kein Heilsleben gibt. »Wenn, o Mönch, die Ansicht obwaltet, Seele und Körper seien wesenseins, gibt es kein Heilsleben; wenn, o Mönch, die Ansicht obwaltet, die Seele sei eins und der Körper ein andres, auch dann gibt es kein Heilsleben.« Im geschauten Geheimnis, wie in der gelebten Wirklichkeit, waltet nicht das »So ist es« und nicht das »So ist es nicht«, nicht das Sein und nicht das Nichtsein, sondern das So-und-anders, das Sein-und-Nichtsein, das Unauflösbare. Dem unschiedlichen Geheimnis unschiedlich gegenüberstehen ist die Urbedingung des Heils. Daß Buddha zu denen gehört, die dies erkannt haben, ist gewiß. Wie alle rechten Lehrer, will er keine Ansicht, sondern den Weg lehren. Nur *eine* Aussage bestreitet er, die der »Toren«, es gebe kein Handeln, es gebe keine Tat, es gebe keine Kraft: man kann den Weg gehen. Nur *eine* Aussage wagt er, die entscheidende: »Es gibt, ihr Mönche, ein Ungeborenes, Ungewordenes, Ungeschaffenes, Ungestaltetes«; gäbe es dieses nicht, es gäbe kein Ziel, es gibt dieses, der Weg hat ein Ziel.

So weit dürfen wir, der Wahrheit unserer Begegnung getreu, Buddha folgen: ein weitrer Schritt wäre Untreue an der Wirklichkeit unsres Lebens. Denn nach der Wahrheit und Wirklichkeit, die wir nicht aus uns holen, die uns eingegeben und zugeteilt ist, wissen wir: Ist jenes eins der Ziele nur, so kann es nicht das unsere sein, ist es das Ziel, so ist es falsch bezeichnet. Und: Ist es eins der Ziele, so mag der Weg bis zu ihm führen, ist es das Ziel, so führt er ihm nur näher.

Als das Ziel bezeichnet Buddha die »Aufhebung des Leidens«, das ist des Werdens und Vergehens: die Erlösung aus dem Rad der Geburten. »Nicht gibt es hinfort eine Wiederkehr« sei die Formel dessen, der sich von der Begierde nach dem Dasein und damit von dem Immer-wiederwerden-müssen befreit habe. Wir wissen nicht, ob es Wiederkehr gibt; wir ziehen die Linie dieser Zeitdimension, in der wir leben, nicht über dieses Leben hinaus, und versuchen nicht aufzudecken, was sich uns zu seiner Frist und in seinem Gesetz offenbaren will; aber wüßten wir, daß es Wiederkehr gibt, wir würden keiner zu entrinnen suchen, und wohl nicht nach dem krassen Dasein, aber danach begehren, in jedem Dasein, in dessen Art und Sprache, das ewige Ich des Vergänglichen und das ewige Du des Unvergänglichen sprechen zu dürfen.

Ob Buddha zum Ziel der Erlösung vom Wiederkehren-müssen führt, wissen wir nicht. Zu einem Zwischenziel führt er gewiß, das auch uns angeht: zum Einswerden der Seele. Aber er führt dahin nicht bloß, wie es notwendig ist, abseits vom »Dickicht der Meinungen«, sondern auch vom »Trug der Gestaltungen« - der für uns kein Trug, vielmehr (trotz aller subjektivierenden Paradoxien der Anschauung, *die für uns eben dazu gehören)* die zuverlässige Welt ist; auch sein Weg ist ein Absehen, und wenn er uns etwa der Vorgänge in unserem Körper innewerden heißt, meint er damit fast das Gegenteil unserer sinngewissen Leibeseinsicht. Und er führt das geeinte Wesen nicht weiter zu jenem höchsten Dusagen, das ihm erschlossen ist. Seine Entscheidung im Innersten scheint auf die Aufhebung des Dusagenkönnens zu gehen.

Buddha kennt das Dusagen zum Menschen - das zeigt der groß überlegene, aber auch groß unmittelbare Verkehr mit den Schülern -, doch er lehrt es nicht; denn dieser Liebe, die »alles was geworden ist unbegrenzbar einbegreifen in der Brust« heißt, ist das schlichte Gegenüberstehen von Wesen zu Wesen fremd. Gewiß kennt er in der Tiefe seines Schweigens auch das Dusagen zum Urgrund, über all die von ihm wie Schüler behandelten »Götter« hinweg, - aus einem zur Substanz gewordenen Beziehungsvorgang ist seine Tat gekommen, auch sie eine Antwort an das Du; aber er verschweigt es.

Seine Völker-Nachfolge jedoch, »das Große Fahrzeug«, hat ihn herrlich verleugnet. Sie hat das ewige Du des Menschen angesprochen - unter Buddhas Namen. Und als den kommenden Buddha, den letzten dieses Weltalters, erwartet sie den, der die Liebe erfüllen soll.

Alle Versenkungslehre gründet in dem gigantischen Wahn des in sich zurückgebognen menschlichen Geistes: er geschehe im Menschen. In Wahrheit geschieht er vom Menschen aus - zwischen dem Menschen und Dem, was nicht er ist. Indem der zurückgebogne Geist diesem seinem Sinn, diesem seinem Beziehungssinn absagt, muß er Das, was nicht der Mensch ist, in den Menschen hereinziehen, er muß Welt und Gott verseelen. Dies ist der Seelenwahn des Geistes.

»Ich verkündige, Freund«, spricht Buddha, »daß in diesem klaftergroßen, empfindungsbehafteten Asketenleibe die Welt wohnt und die Entstehung der Welt und die Aufhebung der Welt und der Weg, der zur Aufhebung der Welt führt.«

Das ist wahr, aber im letzten ist es nicht mehr wahr.

Gewiß »wohnt« die Welt in mir als Vorstellung, geradeso wie ich in ihr als Ding wohne. Aber darum ist sie doch nicht in mir, geradeso wie ich doch nicht in ihr bin. Sie und ich sind wechselseitig einbezogen. Dieser Denkwiderspruch, dem Esverhältnis inhärent, wird vom Duverhältnis aufgehoben, das mich von der Welt löst, um mich mit ihr zu verbinden.
Den Selbst-Sinn, das nicht mit in die Welt Einbeziehbare, trage ich in mir. Den Seins-Sinn, das nicht mit in die Vorstellung Einbeziehbare, trägt die Welt in sich. Dieses aber ist nicht ein denkbarer »Wille«, sondern eben die ganze Welthaftigkeit der Welt, wie jenes nicht ein »erkennendes Subjekt«, sondern die ganze Ichhaftigkeit des Ich ist. Hier gilt kein weiteres »Zurückführen«: wer die letzten Einheiten nicht ehrt, vereitelt den nur begreifbaren, nicht begrifflichen Sinn.
Die Entstehung der Welt und die Aufhebung der Welt sind nicht in mir; sie sind aber auch nicht außer mir; sie sind überhaupt nicht, sie geschehen immerdar, und ihr Geschehen hängt auch mit mir, mit meinem Leben, meiner Entscheidung, meinem Werk, meinem Dienst zusammen, hängt auch von mir, von meinem Leben, meiner Entscheidung, meinem Werk, meinem Dienst ab. Aber nicht davon, ob ich die Welt in meiner Seele »bejahe« oder »verneine«, sondern davon, wie ich meine Seelenhaltung zur Welt zu Leben, zu welteinwirkendem Leben, zu Wirklichem Leben werden lasse, - und im Wirklichen Leben können die Wege von sehr verschiednen Seelenhaltungen

aus einander kreuzen. Wer aber seine Haltung nur »erlebt«, nur in der Seele vollzieht, der mag noch so gedankenvoll sein, er ist weltlos - und alle Spiele, Künste, Räusche, Enthusiasmen und Mysterien, die sich in ihm begeben, rühren an die Haut der Welt nicht. Solang sich einer nur in seinem Selbst erlöst, kann er der Welt weder Liebes noch Leides tun, er geht sie nicht an. Nur wer an die Welt glaubt, bekommt es mit ihr selbst zu tun; und gibt er sich dran, kann er auch nicht gottlos bleiben. Lieben wir die wirkliche, die sich nie aufheben lassen will, nur wirklich in all ihrem Grauen, wagen wir es nur, die Arme unseres Geistes um sie zu legen: und unsre Hände begegnen den Händen, die sie halten.

Ich weiß nichts von einer »Welt« und von einem »Weltleben«, die einen von Gott trennten; was so genannt wird, ist das Leben mit einer verfremdeten Eswelt, das erfahrende und gebrauchende. Wer wahrhaft zur Welt ausgeht, geht zu Gott aus. Sammlung und Ausgehn, beide wahrhaft, das Ein-und-andre, welches das Eine ist, tut not.

Gott umfaßt das All, und ist es nicht; so aber auch umfaßt Gott mein Selbst, und ist es nicht. Um dieses Unbesprechbaren willen kann ich in meiner Sprache, wie jegliches in seiner, Du sagen; um dieses willen gibt es Ich und Du, gibt es Zwiesprache, gibt es Sprache, gibt es den Geist, dessen Urakt sie ist, gibt es in Ewigkeit das Wort.

*

Die »religiöse« Situation des Menschen, das Dasein in der Präsenz, ist durch ihre wesenhafte und unauflösbare Antinomik gekennzeichnet. Daß diese Antinomik unauflösbar ist, macht ihr Wesen aus. Wer die These annimmt und die Antithese ablehnt, verletzt den Sinn der Situation. Wer eine Synthese zu denken versucht, zerstört den Sinn der Situation. Wer die Antinomik zu relativieren strebt, hebt den Sinn der Situation auf. Wer irgendwie anders als mit dem Leben den Widerstreit der Antinomik austragen will, vergeht sich gegen den Sinn der Situation. Der Sinn der Situation ist, daß sie in all ihrer Antinomik gelebt und nur gelebt und immer wieder, immer neu, unvorsehbar, unvordenkbar, unvorschreibbar gelebt wird.
Ein Vergleich der religiösen mit der philosophischen Antinomie wird dies verdeutlichen. Kant mag den philosophischen Widerstreit zwischen Notwendigkeit und Freiheit relativieren, indem er jene der Welt der Erscheinung, diese der des Seins zuweist, so daß die beiden Setzungen einander nicht mehr eigentlich entgegenstehn, vielmehr sich miteinander ebenso vertragen, wie die Welten, für die sie gültig sind. Aber wenn ich Notwendigkeit und Freiheit nicht in gedachten Welten meine, sondern in der Wirklichkeit meines Vor-Gott-stehens, wenn ich weiß: »Ich bin anheimgegeben« und zugleich weiß: »Es kommt auf mich an«, dann darf ich dem Paradox, das ich zu leben habe, nicht durch Zuweisung der unverträglichen Sätze an zwei gesonderte Geltungsbe-

reiche zu entkommen suchen, dann darf ich mir auch von keinem theologischen Kunstgriff zu einer begrifflichen Versöhnung helfen lassen, ich muß beide in einem zu leben auf mich nehmen, und gelebt sind sie eins.

*

Die Augen des Tiers haben das Vermögen einer großen Sprache. Selbständig, ohne einer Mitwirkung von Lauten und Gebärden zu bedürfen, am wortmächtigsten, wenn sie ganz in ihrem Blick ruhen, sprechen sie das Geheimnis in seiner naturhaften Einriegelung, das ist in der Bangigkeit des Werdens aus. Diesen Stand des Geheimnisses kennt nur das Tier, nur es kann ihn uns eröffnen, - der sich eben nur eröffnen, nicht offenbaren läßt. Die Sprache, in der es geschieht, ist, was sie sagt: Bangigkeit - die Regung der Kreatur zwischen den Reichen der pflanzenhaften Sicherung und des geistigen Wagnisses. Diese Sprache ist das Stammeln der Natur unter dem ersten Griff des Geistes, ehe sie sich ihm zu seinem kosmischen Wagnis, das wir Mensch nennen, ergibt. Aber kein Reden wird je wiederholen, was das Stammeln mitzuteilen weiß.
Ich sehe zuweilen in die Augen einer Hauskatze. Das domestizierte Tier hat nicht etwa von uns, wie wir uns zuweilen einbilden, die Gabe des wahrhaft »sprechenden« Blicks empfangen, sondern nur - um den Preis der elementaren Unbefangenheit - die Befähigung, ihn uns Untieren zuzuwenden. Wobei nun aber in ihn, in seine

Morgendämmerung und noch in seinen Aufgang, ein Etwas aus Staunen und Frage gekommen ist, das dem ursprünglichen, in all seiner Bangigkeit, doch wohl gänzlich fehlt. Diese Katze begann ihren Blick unbestreitbar damit, mich mit dem unter dem Anhauch meines Blicks aufglimmenden zu fragen: »Kann das sein, daß du mich meinst? Willst du wirklich nicht bloß, daß ich dir Späße vormache? Gehe ich dich an? Bin ich dir da? Bin ich da? Was ist das da von dir her? Was ist das da um mich her? Was ist das an mir? Was ist das?!« (»Ich« ist hier eine Umschreibung für ein Wort der ichlosen Selbstbezeichnung, das wir nicht haben; unter »das« stelle man sich den strömenden Menschenblick in der ganzen Realität seiner Beziehungskraft vor.) Da war der Blick des Tiers, die Sprache der Bangigkeit, groß aufgegangen - und da ging er schon unter. Mein Blick war freilich ausdauernder; aber er war der strömende Menschenblick nicht mehr.

Der Weltachsendrehung, die den Beziehungsvorgang einleitet, war fast unmittelbar die andre gefolgt, die ihn endet. Eben noch hatte die Eswelt das Tier und mich umgeben, ausgestrahlt war einen Blick lang Duwelt aus dem Grunde, nun war sie schon in jene zurückgeloschen.

Um der Sprache dieses fast unmerklichen Geistsonnen-Aufgangs und -Untergangs willen erzähle ich die winzige Begebenheit, die mir etliche Male widerfuhr. An keiner andern habe ich so tief die Vergänglichkeit der Aktualität in allen

Beziehungen zu den Wesen erkannt, die erhabne Schwermut unsres Loses, das schicksalhafte Eswerden alles geeinzelten Du. Denn sonst gab es zwischen Morgen und Abend des Ereignisses seinen ob auch kurzen Tag, hier aber flossen Morgen und Abend grausam ineinander, das lichte Du erschien und schwand: war die Bürde der Eswelt wirklich dem Tier und mir einen Blick lang abgenommen worden? Ich konnte mich immerhin noch darauf besinnen, das Tier aber war aus dem Stammeln seines Blicks in die sprachlose, fast gedächtnislose Bangigkeit zurückgesunken.

Wie ist es doch mächtig, das Kontinuum der Eswelt, und wie zart die Erscheinungen des Du!

So vieles kann die Kruste der Dinglichkeit nie durchbrechen! O Glimmerstück, welches anschauend ich einst zuerst verstand, daß Ich nicht etwas »in mir« ist, - mit dir war ich dennoch nur in mir verbunden; nur in mir, nicht zwischen mir und dir hat es sich damals begeben. Wenn aber eins hervorsteigt aus den Dingen, ein Lebendes, und mir Wesen wird, und sich in Nähe und Sprache zu mir begibt, wie unabwendbar kurz ist es mir nichts als Du! Nicht die Beziehung ist es, die notwendig nachläßt, aber die Aktualität ihrer Unmittelbarkeit. Die Liebe selber kann nicht in der unmittelbaren Beziehung verharren; sie dauert, aber im Wechsel von Aktualität und Latenz. Jedem Du in der Welt ist seinem Wesen nach geboten, uns Ding zu werden oder doch immer wieder in die Dinghaftigkeit einzugehn.

Nur in einer, der allumfassenden Beziehung ist

die Latenz noch Aktualität. Nur Ein Du hört seinem Wesen nach nie auf, uns Du zu sein. Wohl kennt, wer Gott kennt, die Gottferne auch und die Pein der Dürre über dem geängstigten Herzen; aber die Präsenzlosigkeit nicht. Nur wir sind nicht immer da.
Der Liebende der Vita Nova sagt richtig und rechtmäßig zumeist Ella und nur zuweilen Voi. Der Schauende des Paradiso, wenn er Colui sagt, redet - aus dichterischer Notdurft - uneigentlich, und weiß es. Ob man Gott als Er oder als Es beredet, es ist immer Allegorie. Sprechen wir aber Du zu ihm, dann ist die ungebrochene Wahrheit der Welt von sterblichem Sinn gewortet.

*

Jede wirkliche Beziehung in der Welt ist ausschließlich; das Andere bricht in sie ein und rächt seine Ausschließung. Einzig in der Beziehung zu Gott sind unbedingte Ausschließlichkeit und unbedingte Einschließlichkeit eins, darin das All begriffen ist.
Jede wirkliche Beziehung in der Welt ruht auf der Individuation; die ist ihre Wonne, denn nur so ist Einandererkennen der Verschiedenen gewährt, und ist ihre Grenze, denn so ist das vollkommne Erkennen und Erkanntwerden versagt. Aber in der vollkommnen Beziehung umfaßt mein Du mein Selbst, ohne es zu sein; mein eingeschränktes Erkennen geht in einem schrankenlosen Erkanntwerden auf.

Jede wirkliche Beziehung in der Welt vollzieht sich im Wechsel von Aktualität und Latenz, jedes geeinzelte Du muß sich zum Es verpuppen, um wieder neu sich zu beflügeln. In der reinen Beziehung aber ist die Latenz nur das Atemholen der Aktualität, darin das Du präsent bleibt. Das ewige Du ist es seinem Wesen nach; nur unser Wesen nötigt uns, es in die Eswelt und Esrede zu ziehen.

*

Die Eswelt hat Zusammenhang im Raum und in der Zeit.

Dic Duwelt hat in beiden keinen Zusammenhang.

Sie hat ihren Zusammenhang in der Mitte, in der die verlängerten Linien der Beziehungen sich schneiden: im ewigen Du.

In dem großen Privileg der reinen Beziehung sind die Privilegien der Eswelt aufgehoben. Kraft seiner gibt es das Kontinuum der Duwelt: die isolierten Momente der Beziehungen verbinden sich zu einem Weltleben der Verbundenheit. Kraft seiner steht der Duwelt die gestaltende Macht zu: der Geist kann die Eswelt durchdringen und verwandeln. Kraft seiner sind wir der Verfremdung der Welt und der Entwirklichung des Ich, sind wir der Übermächtigung durch das Gespenstische nicht ausgeliefert. Umkehr ist das Wiedererkennen der Mitte, das Sich-wieder-hinwenden. In dieser Wesenstat ersteht die verschüttete Beziehungskraft des Menschen auf, aller Bezie-

hungssphären Welle schwillt in lebendigen Strömen und erneuert unsre Welt.
Vielleicht nicht die unsre allein. Denn als die metakosmische: der Welt als Ganzem in ihrem Verhältnis zu dem, was nicht Welt ist, einwohnende Urform der Zwiefalt, deren menschliche Gestalt die Zwiefalt der Haltungen, der Grundworte und der Weltaspekte ist, dürfen wir diese Doppelbewegung ahnen: Abwendung vom Urgrund, vermöge deren sich das All im Werden erhält - Hinwendung zum Urgrund, vermöge deren sich das All im Sein erlöst. Beides in der Zeit schicksalhaft entfaltet, gnadenhaft eingehegt in der zeitlosen Schöpfung, die unbegreiflich zugleich Entlassen und Bewahren, zugleich Freigabe und Bindung ist. Unser Wissen um die Zwiefalt verstummt vor der Paradoxie des Urgeheimnisses.

*

Drei sind die Sphären, in denen sich die Welt der Beziehung baut.
Die erste: das Leben mit der Natur, darin die Beziehung an der Schwelle der Sprache haftet.
Die zweite: das Leben mit den Menschen, darin sie sprachgestaltig wird.
Die dritte: das Leben mit den geistigen Wesenheiten, darin sie sprachlos, aber sprachzeugend ist.
In jeder Sphäre, in jedem Beziehungsakt, durch jedes uns gegenwärtig Werdende blicken wir an den Saum des ewigen Du hin, aus jedem vernehmen wir ein Wehen von ihm, in jedem Du reden

wir das ewige an, in jeder Sphäre nach ihrer Weise. Alle Sphären sind in ihm beschlossen, es in keiner.

Durch alle strahlt die eine Gegenwart.

Wir aber können jede der Gegenwart entheben.

Wir können aus dem Leben mit der Natur die »physische« Welt heben, die der Konsistenz; aus dem Leben mit den Menschen die »psychische« Welt, die der Affizierbarkeit; aus dem Leben mit den geistigen Wesenheiten die »noetische« Welt, die der Gültigkeit. Nun ist ihnen die Transparenz und damit der Sinn genommen, jede ist brauchbar und trüb geworden, und bleibt trüb, ob wir sie auch mit leuchtenden Namen - Kosmos, Eros, Logos - belehnen. In Wahrheit nämlich gibt es dem Menschen Kosmos nur, wenn das All ihm zum Haus wird mit heiligem Herd, daran er opfert; und gibt es ihm Eros nur, wenn die Wesen ihm zu Bildern des Ewigen werden und die Gemeinschaft mit ihnen zur Offenbarung; und gibt es ihm Logos nur, wenn er das Geheimnis anspricht mit Werk und Dienst am Geist.

Das heischende Schweigen der Gestalt, das liebende Sprechen des Menschen, die kundtuende Stummheit der Kreatur: alle sind sie Pforten in die Präsenz des Worts.

Wenn aber die vollkommne Begegnung geschehen soll, sind die Pforten vereinigt zum Einen Tor des Wirklichen Lebens, und du weißt nicht mehr, durch welche du eingetreten bist.

*

Unter den drei Sphären ist eine ausgezeichnet: das Leben mit den Menschen. Hier vollendet sich die Sprache als Folge, in Rede und Gegenrede. Hier allein begegnet das sprachgeformte Wort seiner Antwort. Hier nur geht das Grundwort gleichgestaltig hin und wider, in Einer Zunge sind das der Ansprache und das der Entgegnung lebendig, Ich und Du stehen nicht bloß in der Beziehung, - auch in der festen »Redlichkeit«. Die Beziehungsmomente sind hier, und nur hier, verbunden durch das Element der Sprache, in das sie eingetaucht sind. Hier ist das Gegenüber zur vollen Wirklichkeit des Du erblüht. Hier allein gibt es denn auch als unverlierbare Wirklichkeit Schauen und Geschautwerden, Erkennen und Erkanntwerden, Lieben und Geliebtwerden.
Dies ist das Hauptportal, in dessen umfangende Öffnung die beiden Seitenpforten eingehn.
»Wenn ein Mann mit seinem Weibe innig beisammen ist, sind sie von der Sehnsucht der ewigen Hügel umweht.«
Die Beziehung zum Menschen ist das eigentliche Gleichnis der Beziehung zu Gott: darin wahrhafter Ansprache wahrhafte Antwort zuteil wird. Nur daß in Gottes Antwort sich alles, sich das All als Sprache offenbart.

*

- Aber ist nicht auch die Einsamkeit eine Pforte? Tut sich nicht zuweilen im stillsten Alleinsein ein unvermutetes Schauen auf? Kann sich nicht der

Verkehr mit sich selbst geheimnishaft in einen mit dem Geheimnis verwandeln? Ja, ist nicht erst der keinem Wesen mehr Verhaftete würdig, dem Wesen gegenüberzutreten? »Komm, Einsamer, zum Einsamen«, ruft Symeon der Neue Theologe seinen Gott an.

- Es gibt zweierlei Einsamkeit, nach dem, wovon sie sich kehrt. Heißt dies Einsamkeit, sich aus dem erfahrenden und gebrauchenden Umgang mit den Dingen zu lösen: ihrer bedarf es stets, um überhaupt zum Akt der Beziehung, nicht erst der höchsten, zu kommen. Meint Einsamkeit aber Beziehungslosigkeit: wen die Wesen, zu denen er das wahre Du sprach, verlassen haben, wird von Gott aufgenommen, nicht so wer die Wesen verließ. Verhaftet etwelchen unter ihnen ist nur, wer Gier trägt, sie zu gebrauchen; wer in der Kraft der Vergegenwärtigung lebt, kann ihnen nur verbunden sein. Der Verbundene aber, der allein ist der für Gott Bereite. Denn er allein bringt Gottes Wirklichkeit eine menschliche entgegen.

Und wieder gibt es zweierlei Einsamkeit, nach dem, wozu sie sich wendet. Ist Einsamkeit der Ort der Reinigung, wie sie auch dem Verbundenen nottut, ehe er das Allerheiligste betritt, wie sie ihm aber auch mitten in seinen Proben, zwischen dem unvermeidlichen Versagen und dem Aufstieg zur Bewährung nottut: dazu sind wir beschaffen. Ist sie jedoch die Burg der Absonderung, wo der Mensch mit sich selbst Zwiesprache führt, nicht um sich für das Erwartende zu prüfen und zu meistern, sondern im Selbstgenuß seiner

Seelenfiguration: dies ist der eigentliche Abfall des Geistes zur Geistigkeit. Der sich bis zur letzten Abgründlichkeit steigern kann, wo der Selbstbetörte wähnt, Gott in sich zu haben und mit ihm zu reden. Aber so wahr Gott uns umfaßt und in uns wohnt: wir haben ihn in uns nie. Und wir reden mit ihm nur, wenn es in uns nicht mehr redet.

*

Ein moderner Philosoph meint, jeder Mensch glaube notwendig entweder an Gott oder an »Götzen«, das heißt an irgendein endliches Gut - seine Nation, seine Kunst, die Macht, das Wissen, den Gelderwerb, die »immer neue Überwältigung des Weibes« -, ein Gut, das ihm zum absoluten Wert geworden sei und sich zwischen ihn und Gott gestellt habe; man brauche ihm nur die Bedingtheit dieses Gutes zu erweisen, den Götzen zu »zerschmettern«, und der abgelenkte religiöse Akt kehre von selbst zu dem ihm gemäßen Gegenstand zurück.

Diese Auffassung setzt voraus, daß das Verhältnis des Menschen zu den von ihm »vergötzten« endlichen Gütern dem zu Gott im Wesen gleich und nur am Gegenstand verschieden sei; denn nur dann könnte die bloße Substitution des rechten Gegenstandes für den falschen den Fehlgehenden erretten. Aber das Verhältnis eines Menschen zu dem »besonderen Etwas«, das sich den höchsten Wertthron seines Lebens anmaßt und die Ewigkeit verdrängt, ist stets auf Erfahren und Gebrauchen eines Es, eines Dings, eines Genußobjekts gerichtet. Denn nur dieses Verhältnis kann den Ausblick auf Gott versperren: durch die undurchdringliche Eswelt; die dusagende Beziehung eröffnet ihn immer wieder. Wer von dem Götzen, den er gewinnen, haben und behalten will, beherrscht, von seinem Besitzenwollen besessen ist, hat keinen Weg zu Gott als die Umkehr, die eine Änderung nicht des Ziels allein, sondern der Bewegungsart ist. Man heilt den Besessenen, indem man ihn zur Verbundenheit erweckt und erzieht, nicht indem man seine Besessenheit auf Gott hinleitet. Wenn einer in der Verfassung der Besessenheit bleibt, was bedeutet es, daß er nicht mehr den Namen eines Dämons oder eines ihm dämonisch verzerrten Wesens, sondern den Gottes anruft? Es bedeutet, daß er nunmehr lästert. Es ist Lästerung, wenn einer, nachdem der Götze hinterm Altar hinstürzte, das auf dem entweihten aufgeschichtete unheilige Opfer Gott darbringen will.

Wer ein Weib, ihr Leben im eignen vergegenwärtigend, liebt: das Du ihrer Augen läßt ihn in einen Strahl des ewigen Du schauen. Aber wer nach der »immer neuen Überwältigung« begierig ist, - seiner Begier wollt ihr ein Phantom des Ewigen hinhalten? Wer einem Volk, aufglühend im unermeßlichen Schicksal, dient: wenn er sich ihm hingeben will, meint er Gott. Wem aber die Nation ein Götze ist, dem er alles dienstbar machen möchte, weil er in dessen Bild das eigne erhöht, -

wähnt ihr, ihr brauchtet es ihm nur zu verleiden und er schaute die Wahrheit? Und was soll es gar heißen, daß einer das Geld, das leibhaftige Un-Wesen, behandle, »als wäre es Gott«? Was hat die Wollust des Erraffens und Schatzhütens mit der Freude an der Gegenwart des Gegenwärtigen gemein? Kann der Mammonsknecht zum Geld Du sagen? Und was soll er mit Gott anfangen, wenn er nicht Du zu sagen versteht? Er kann nicht zwei Herren dienen - auch nicht einem nach dem andern; er muß erst *anders* dienen lernen. Der durch die Substitution Bekehrte »hat« nun ein Phantom, das er Gott nennt. Gott aber, die ewige Gegenwart, läßt sich nicht haben. Wehe dem Besessenen, der Gott zu besitzen meint!

*

Man spricht von dem »religiösen« Menschen als einem, der in keiner Beziehung zur Welt und zu den Wesen zu stehen brauche, weil die Stufe des Sozialen, das von außen bestimmt werde, hier durch eine von innen allein wirkende Kraft überstiegen sei. Aber unter dem Begriff des Sozialen wird zweierlei Grundverschiedenes verquickt: die sich aus der Beziehung aufbauende Gemeinschaft und die Massierung beziehungsloser Mensch-Einheiten, die handgreiflich gewordene Beziehungslosigkeit des modernen Menschen. Der lichte Bau der Gemeinschaft aber, zu dem auch noch aus dem Verlies der »Sozialität« eine Befreiung führt, ist das Werk derselben Kraft, die in der Beziehung zwischen Mensch und Gott wirkt. Es ist jedoch diese nicht eine Beziehung neben den andern; sie ist die Allbeziehung, in die alle Ströme sich ausgießen, ohne darum zu versiegen. Meer und Ströme - wer will hier scheiden und Grenzen bestimmen? Da ist nur das eine Fluten von Ich zu Du, immer unendlicher, die eine grenzenlose Flut des Wirklichen Lebens. Man kann sein Leben nicht zwischen eine wirkliche Beziehung zu Gott und ein unwirkliches Ich-Es-Verhältnis zur Welt aufteilen, - zu Gott wahrhaft beten und die Welt benützen. Wer die Welt als das zu Benützende kennt, kennt auch Gott nicht anders. Sein Gebet ist eine Entlastungsprozedur; es fällt ins Ohr der Leere. Er - nicht der »Atheist«, der aus der Nacht und Sehnsucht seines Kammerfensters das Namenlose anspricht - ist der Gottlose.

Des weitern sagt man, der »religiöse« Mensch trete als Einzelner, als Einziger, als Abgelöster vor Gott, weil er auch die Stufe des »sittlichen« Menschen überschritten habe, der noch in Pflicht und Schuld der Welt stehe. Der freilich sei noch mit der Verantwortung für das Handeln der Handelnden beladen, weil er nämlich ganz bestimmt sei von der Spannung zwischen Sein und Seinsollen, und in die unausfüllbare Kluft zwischen beiden werfe er in grotesk aussichtslosem Opfermut Stück um Stück seines Herzens. Der »Religiöse« aber sei jener Spannung in die zwischen Welt und Gott entstiegen; da herrsche das Gebot, die Unruhe der Verantwortlichkeit und auch die des Von-sich-forderns abzustreifen, da gebe es kein eigenes Wollen, nur noch das in die Fügung Gefügt-sein, da gehe alles Sollen im unbedingten Sein auf, und die Welt bestehe wohl noch, aber sie gelte nicht mehr; man habe das Seine in ihr zu verrichten, doch gleichsam unverbindlich, im Aspekt der Nichtigkeit alles Tuns. Aber das heißt wähnen, Gott habe seine Welt zum Schein und seinen Menschen zum Taumel geschaffen. Wohl hat, der vor das Angesicht tritt, Pflicht und Schuld überflogen - aber nicht weil er sich von der Welt entfernt: weil er sich ihr wahrhaft genähert hat. Pflichtig und schuldig ist man nur dem Fremden: dem Vertrauten ist man geneigt und liebevoll. Wer vor das Angesicht tritt, in der Fülle der Gegenwart wird ihm erst, von der Ewigkeit erleuchtet, die Welt ganz gegenwärtig, und er kann in Einem Spruch zur Wesenheit aller Wesen Du sagen. Da ist keine Spannung mehr zwischen Welt und Gott, nur die Eine Wirklichkeit. Der Verantwortung ist er nicht ledig geworden: er hat für die Pein der endlichen, den Wirkungen nachspürenden, die Schwungkraft der unendlichen eingetauscht, die Gewalt der Liebesverantwortung für das ganze, unaufspürbare Weltgeschehen, das tiefe Welteinbezogensein im Angesicht Gottes. Das sittliche Urteilen hat er freilich für immer abgetan: der »Böse«, das ist nur eben der ihm zu tieferer Verantwortung Empfohlene, der Liebesbedürftigere; aber das Sichentscheiden wird er in den Tiefen der Spontaneität üben müssen bis an den Tod, das gelassene Sich-immerwieder-entscheiden zum rechten Tun. Da ist das Tun nicht nichtig; es ist gemeint, es ist aufgetragen, es wird gebraucht, es gehört zur Schöpfung; aber dieses Tun legt sich der Welt nicht mehr auf, es wächst an ihr daher, wie wenn es Nichttun wäre.

*

Was ist das ewige: das im Jetzt und Hier gegenwärtige Urphänomen dessen, was wir Offenbarung nennen? Es ist dies, daß der Mensch aus dem Moment der höchsten Begegnung nicht als der gleiche hervorgeht, als der er in ihn eingetreten ist. Der Moment der Begegnung ist nicht ein »Erlebnis«, das sich in der empfänglichen Seele erregt und selig rundet: es geschieht da etwas am Menschen. Das ist zuweilen wie ein Anhauch, zuweilen wie ein Ringkampf, gleichviel: es geschieht. Der Mensch, der aus dem Wesensakt der reinen Beziehung tritt, hat in seinem Wesen ein Mehr, ein Hinzugewachsenes, von dem er zuvor nicht wußte und dessen Ursprung er nicht rechtmäßig zu bezeichnen vermag. Wie immer die wissenschaftliche Weltorientierung in ihrem befugten Streben nach einer lückenlosen Ursächlichkeit die Herkunft des Neuen einreiht: uns, denen es um die wirkliche Betrachtung des Wirklichen geht, kann kein Unterbewußtsein und kein andrer Seelenapparat taugen. Die Wirklichkeit ist, daß wir empfangen, was wir zuvor nicht hatten, und es so empfangen, daß wir wissen: es ist uns gegeben worden. In der Sprache der Bibel: »Die auf Gott harren, werden Kraft eintauschen.« In der Sprache Nietzsches, der der Wirklichkeit in seinem Bericht noch treu ist: »Man nimmt, man fragt nicht, wer da gibt.«

Der Mensch empfängt, und er empfängt nicht einen »Inhalt«, sondern eine Gegenwart, eine Gegenwart als Kraft. Diese Gegenwart und Kraft schließt dreierlei ein, ungeschieden, und doch so, daß wir es als drei gesondert betrachten dürfen. Zum ersten die ganze Fülle der wirklichen Gegenseitigkeit, des Aufgenommenwerdens, des Verbundenseins; ohne daß man irgend anzugeben vermöchte, wie das beschaffen sei, womit man verbunden ist, und ohne daß das Verbundensein einem das Leben irgend erleichterte - es macht das Leben schwerer, aber es macht es sinnschwer. Und das ist das zweite: die unaussprechliche Bestätigung des Sinns. Er ist verbürgt. Nichts, nichts kann mehr sinnlos sein. Die Frage nach dem Sinn des Lebens ist nicht mehr da. Aber wenn sie da wäre, wäre sie nicht etwa zu beantworten. Du weißt den Sinn nicht aufzuzeigen und weißt ihn nicht zu bestimmen, du hast keine Formel und hast kein Bild für ihn, und doch ist er dir gewisser als die Empfindungen deiner Sinne. Was meint er nur mit uns, was begehrt er von uns, der offenbarte und verhohlene? Nicht gedeutet - das vermögen wir nicht -, nur getan will er von uns werden. Dies ist das dritte: es ist nicht der Sinn eines »andern Lebens«, sondern dieses unseres Lebens, nicht der eines »Drüben«, sondern dieser unserer Welt, und er will in diesem Leben, an dieser Welt von uns bewährt werden. Der Sinn kann empfangen werden, aber er kann nicht erfahren werden; er kann nicht erfahren werden, aber er kann getan werden; und dies meint er mit uns. Die Bürgschaft will nicht in mir verschlossen, sondern durch mich in die Welt geboren werden. Aber wie der Sinn selber sich nicht übertragen, nicht zu einem allgemein gültigen und allgemein annehmbaren Wissen ausprägen läßt, so kann seine Bewährung nicht als ein geltendes Sollen tradiert werden, sie ist nicht vorgeschrieben, sie steht auf keiner Tafel verzeichnet, die über aller Köpfen aufzurichten wäre. Zu bewähren vermag den empfangenen Sinn jeder nur mit der Einzigkeit seines Wesens und in der Einzigkeit seines Lebens. Wie uns zur Begegnung keine Vorschrift führen kann, so führt auch aus ihr keine. Wie es zum Zu-ihr-kommen nur der Akzeptation der Gegenwart bedarf, so in einem neuen Sinn zum Aus-ihr-gehen. Wie man mit dem bloßen Du auf den Lippen in die Begegnung gelangt, so wird man mit ihm auf den Lippen aus ihr zur Welt entlassen.

Das wovor wir leben, das worin wir leben, woraus und worein wir leben, das Geheimnis: es ist geblieben, was es war. Es ist uns gegenwärtig geworden und hat sich mit seiner Gegenwart uns kundgetan als das Heil, wir haben es »erkannt«, aber wir haben keine Erkenntnis von ihm, die uns seine Geheimnishaftigkeit minderte - milderte. Wir sind Gott nahe gekommen, aber einer Enträtselung, Entschleierung des Seins nicht näher.

Erlösung haben wir verspürt, aber keine »Lösung«. Was wir empfangen haben, damit können wir nicht zu den andern gehen und sagen: Dieses ist zu wissen, dieses ist zu tun. Wir können nur gehen und bewähren. Und auch dies »sollen« wir nicht - wir können - wir müssen.
Das ist die ewige, die im Jetzt und Hier gegenwärtige Offenbarung. Ich weiß von keiner, die nicht im Urphänomen die gleiche wäre, ich glaube an keine. Ich glaube nicht an eine Selbstbenennung Gottes, nicht an eine Selbstbestimmung Gottes vor den Menschen. Das Wort der Offenbarung ist: Ich bin da als der ich da bin. Das Offenbarende ist das Offenbarende. Das Seiende ist da, nichts weiter. Der ewige Kraftquell strömt, die ewige Berührung harrt, die ewige Stimme tönt, nichts weiter.

*

Das ewige Du kann seinem Wesen nach nicht zum Es werden; weil es seinem Wesen nach nicht in Maß und Grenze, auch nicht in das Maß des Unermeßlichen und die Grenze des Unbegrenztseins gesetzt werden kann; weil es seinem Wesen nach nicht als eine Summe von Eigenschaften, auch nicht als eine unendliche Summe zur Transzendenz erhobener Eigenschaften gefaßt werden kann; weil es weder in noch außer der Welt vorgefunden werden kann; weil es nicht erfahren werden kann; weil es nicht gedacht werden kann; weil wir uns an ihm, dem Seienden verfehlen,

wenn wir sagen: »Ich glaube, daß er ist« - auch »er« ist noch eine Metapher, »du« aber nicht.
Und doch machen wir das ewige Du immer wieder zum Es, zum Etwas, machen Gott zum Ding - unserem Wesen nach. Nicht aus Willkür. Die dingliche Geschichte Gottes, der Gang des Gott-Dings durch die Religion und ihre Randgebilde, durch ihre Erleuchtungen und Verfinsterungen, ihre Lebenserhöhungen und -zerstörungen, der Gang vom lebendigen Gott weg und wieder zu ihm hin, die Wandlungen von Gegenwart, Eingestaltung, Vergegenständlichung, Verbegrifflichung, Auflösung, Erneuerung sind ein Weg, sind der Weg.
Das ausgesagte Wissen und das gesetzte Tun der Religionen - woher kommen sie? Die Gegenwart und Kraft der Offenbarung (denn alle berufen sich notwendig auf irgendeine Art der Offenbarung, worthafte, naturhafte, seelenhafte - es gibt, genau genommen, nur Offenbarungsreligionen), die Gegenwart und Kraft, die der Mensch in der Offenbarung empfängt, wie werden sie zu »Inhalt«?
Die Erklärung hat zwei Schichten. Die äußere, psychische erkennen wir, wenn wir den Menschen für sich, von der Geschichte abgelöst betrachten; die innere, faktische, das Urphänomen der Religion, wenn wir ihn sodann in die Geschichte wiedereinstellen. Beide gehören zusammen.
Der Mensch begehrt Gott zu haben; er begehrt nach einer Kontinuität des Gotthabens in der Zeit und im Raum. Er will sich mit der unaus-

sprechlichen Bestätigung des Sinns nicht begnügen, er will sie ausgebreitet sehen als etwas, was man immer wieder vornehmen und handhaben kann, ein zeitlich und räumlich lückenloses Kontinuum, das ihm das Leben an jedem Punkt und in jedem Moment versichert.

Der Lebensrhythmus der reinen Beziehung, der Wechsel von Aktualität und einer Latenz, in der nur unsere Beziehungskraft und darum die Gegenwart, nicht aber die Urpräsenz abnimmt, genügt dem Kontinuitätsdurst des Menschen nicht. Er verlangt nach zeitlicher Ausbreitung, nach Dauer. So wird Gott zum Glaubensobjekt. Ursprünglich ergänzt der Glaube in der Zeit die Beziehungsakte; allmählich ersetzt er sie. An die Stelle der stets erneuten Wesensbewegung der Einsammlung und des Ausgehens tritt das Ruhen in einem geglaubten Es. Die Dennoch-Zuversicht des Kämpfers, der Gottferne und Gottnähe kennt, verwandelt sich immer vollständiger in die Sicherheit des Nutznießers, ihm könne nichts geschehen, weil er glaube, daß Einer sei, der ihm nichts geschehen lasse.

Auch die Lebensstruktur der reinen Beziehung, die »Einsamkeit« des Ich vor dem Du, das Gesetz, daß der Mensch, wie er auch die Welt in die Begegnung einbezieht, doch nur als Person zu Gott ausgehn und ihm begegnen kann, tut dem Kontinuitätsdurst des Menschen nicht Genüge. Er verlangt nach räumlicher Ausbreitung, nach der Darstellung, in der sich die Gemeinschaft der Gläubigen mit ihrem Gott vereint. So wird Gott zum Kultobjekt. Auch der Kult ergänzt ursprünglich die Beziehungsakte: indem er das lebendige Gebet, das unmittelbare Dusagen, in einen räumlichen Zusammenhang von großer Bildkraft einfügt und mit dem Leben der Sinne verknüpft; und auch er wird allmählich zum Ersatz, indem das persönliche Gebet vom Gemeindegebet nicht mehr getragen, sondern verdrängt wird und, da nun einmal die Wesenstat keine Regel zuläßt, die geregelte Andacht an ihre Stelle tritt. In Wahrheit aber kann die reine Beziehung zu raumzeitlicher Stetigkeit nur auferbaut werden, indem sie sich an der ganzen Materie des Lebens verleiblicht. Sie kann nicht bewahrt, nur bewährt, sie kann nur getan, nur in das Leben eingetan werden. Der Mensch kann der Beziehung zu Gott, deren er teilhaftig geworden ist, nur gerecht werden, wenn er nach seiner Kraft, nach dem Maß jedes Tages neu Gott in der Welt verwirklicht. Darin liegt die einzige echte Bürgschaft der Kontinuität. Die echte Bürgschaft der Dauer besteht darin, daß die reine Beziehung erfüllt werden kann im Du-werden der Wesen, in ihrer Erhebung zum Du, daß das heilige Grundwort sich in allen austönt; so bildet sich die Zeit des Menschenlebens zu einer Fülle der Wirklichkeit auf, und ob es auch das Esverhältnis nicht überwinden kann und soll, ist das Menschenleben dann so von Beziehung durchwirkt, daß sie in ihm eine strahlende, durchstrahlende Stetigkeit gewinnt; die Momente der höchsten Begegnung sind da nicht Blitze in der Finsternis, sondern wie aufsteigender Mond in einer klaren Sternennacht. Und so besteht die echte Bürgschaft der Raumstetigkeit darin, daß die Beziehungen der Menschen zu ihrem wahren Du, die Radien, die von all den Ichpunkten zur Mitte ausgehn, einen Kreis schaffen. Nicht die Peripherie, nicht die Gemeinschaft ist das erste, sondern die Radien, die Gemeinsamkeit der Beziehung zur Mitte. Sie allein gewährleistet den echten Bestand der Gemeinde.

Nur wenn die beiden entstehen und nur solang sie bestehen, die Bindung der Zeit im beziehungsgemäßen Heilsleben und die Bindung des Raums in der mittegeeinten Gemeinde, nur dann entsteht und nur so lang besteht um den unsichtbaren Altar, aus dem Weltstoff des Äons im Geist gefaßt, ein menschlicher Kosmos.

Die Gottesbegegnung widerfährt dem Menschen nicht, auf daß er sich mit Gott befasse, sondern auf daß er den Sinn an der Welt bewähre. Alle Offenbarung ist Berufung und Sendung. Aber wieder und wieder vollzieht der Mensch statt der Verwirklichung eine Rückbiegung auf den Offenbarenden; er will sich statt mit der Welt mit Gott befassen. Nur steht ihm nun, dem Rückgebogenen, kein Du mehr gegenüber, er kann nichts anderes als ein Gottes-Es in die Dinglichkeit einstellen, von Gott als von einem Es zu wissen glauben und von ihm reden. Wie der ichsüchtige Mensch, statt irgend etwas, eine Wahrnehmung, eine Zuneigung, unmittelbar zu leben, auf sein wahrnehmendes oder zugeneigtes Ich reflektiert und damit die Wahrheit des Vorgangs verfehlt, so reflektiert der gottsüchtige Mensch (der sich übrigens mit jenem recht gut in einer Seele verträgt), statt die Gabe sich auswirken zu lassen, auf das Gebende, und verfehlt beides.

Im Ausgesandtsein bleibt Gott dir Gegenwart; der in der Sendung Wandelnde hat Gott stets vor sich: je treuer die Erfüllung, um so stärker und stetiger die Nähe; befassen kann er sich freilich mit Gott nicht, aber unterreden kann er sich mit ihm. Die Rückbiegung dagegen macht Gott zum Gegenstand. Ihre scheinbare Hinwendung zum Urgrund gehört in Wahrheit zur Weltbewegung der Abwendung, wie die scheinbare Abwendung des die Sendung Erfüllenden in Wahrheit zur Weltbewegung der Hinwendung gehört.

Denn die beiden metakosmischen Grundbewegungen der Welt: die Ausbreitung in das Eigensein und die Umkehr zur Verbundenheit finden ihre höchste menschliche Gestalt, die eigentliche Geistesform ihres Kampfs und Ausgleichs, ihrer Mischung und Entmischung in der Geschichte des menschlichen Verhältnisses zu Gott. In der Umkehr wird das Wort auf Erden geboren, in der Ausbreitung verpuppt es sich zur Religion, in neuer Umkehr gebiert es sich neu beflügelt wieder.

Nicht Willkür waltet hier; ob auch die Bewegung zum Es zuweilen so weit geht, daß sie die des Wiederausgehns zum Du niederhält und zu ersticken droht.

Die gewaltigen Offenbarungen, auf die sich die

Religionen berufen, sind der stillen wesensgleich, die sich allerorten und allezeit begibt. Die gewaltigen Offenbarungen, die im Anfang großer Gemeinschaften, an den Wenden der Menschenzeit stehen, sind nichts anderes als die ewige Offenbarung. Aber die Offenbarung schüttet sich ja nicht durch ihren Empfänger wie durch einen Trichter in die Welt, sie tut sich ihm an, sie ergreift sein ganzes Element in all seinem Sosein und verschmilzt damit. Auch der Mensch, der »Mund« ist, ist eben dies, nicht Sprachrohr, - nicht Werkzeug, sondern Organ, eigengesetzliches lautendes Organ, und lauten heißt umlauten.

Es gibt aber eine qualitative Verschiedenheit der Geschichtszeiten. Es gibt ein Reifwerden der Zeit, wo das niedergehaltene, verschüttete wahre Element des Menschengeistes zu unterirdischer Bereitschaft gerät, in solcher Drängung und solcher Spannung, daß es nur einer Berührung des Berührenden harrt, um hervorzubrechen. Die Offenbarung, die da erscheint, ergreift das ganze bereite Element in all seiner Beschaffenheit, sie schmilzt es um und treibt darin eine Gestalt, eine neue Gestalt Gottes in der Welt.

So aber wird im Weg der Geschichte, in den Wandlungen des menschlichen Elements immer neuer Bezirk der Welt und des Geistes in die Gestalt gehoben, zur göttlichen Gestalt berufen. Immer neue Sphären werden zum Ort der Theophanie. Es ist nicht Eigenmacht des Menschen, die hier wirkt, es ist auch nicht reiner Durchgang

Gottes, es ist Mischung von Göttlichem und Menschlichem. Der in der Offenbarung Ausgesandte nimmt in seinen Augen ein Gottesbild mit - so übersinnenhaft es ist, er nimmt es im Auge seines Geistes mit, in der gar nicht metaphorischen, ganz realen Augenkraft seines Geistes. Der Geist antwortet auch durch ein Schauen, durch ein *bildendes* Schauen. Ob wir Irdischen auch nie Gott ohne Welt, nur die Welt in Gott schauen, schauend bilden wir ewig Gottes Gestalt.

Gestalt ist Mischung auch von Du und Es. Sie kann in Glauben und Kult zum Gegenstand erstarren; aber aus der Essenz der Beziehung, die in ihr fortlebt, wird sie immer wieder zur Gegenwart. Gott ist seinen Gestalten nah, solang sie der Mensch ihm nicht entrückt. Im wahren Gebet vereinigen und reinigen sich Kult und Glaube zur lebendigen Beziehung. Daß das wahre Gebet in den Religionen lebt, ist das Zeugnis ihres wahren Lebens; solang es in ihnen lebt, leben sie. Entartung der Religionen bedeutet die Entartung des Gebets in ihnen: die Beziehungskraft wird in ihnen immer mehr von der Gegenständlichkeit verschüttet, es wird in ihnen immer schwerer, mit dem ganzen, ungeteilten Wesen Du zu sagen, und der Mensch muß endlich, um es zu können, aus der falschen Geborgenheit in das Wagnis des Unendlichen, aus der nur noch von der Tempelkuppel, nicht auch vom Firmament überwölbten Gemeinschaft in die letzte Einsamkeit ziehen. Es heißt diesen Antrieb zutiefst verkennen, wenn

man ihn dem »Subjektivismus« zurechnet: das Leben im Angesicht ist das Leben in der Einen Wirklichkeit, dem einzigen wahren »Objektivum«, und der ausziehende Mensch will sich in das wahrhaft seiende vor dem scheinhaften, illusionären Objektivum retten, ehe es ihm seine Wahrheit verstört hat. Subjektivismus ist Verseelung, Objektivismus Vergegenständlichung Gottes, dieser falsche Verfestigung, jener falsche Befreiung, beides Abbiegung vom Weg der Wirklichkeit, beides Ersatzversuch für sie.
Gott ist seinen Gestalten nah, wenn der Mensch sie ihm nicht entrückt. Wenn aber die ausbreitende Bewegung der Religion die umkehrende niederhält und die Gestalt Gott entrückt, verlischt das Antlitz der Gestalt, ihre Lippen sind tot, ihre Hände hängen herab, Gott kennt sie nicht mehr, und das Welthaus, das um ihren Altar gebaut ist, der menschliche Kosmos zerfällt. Und es gehört zu dem, was da geschieht, daß der Mensch in der Verstörung seiner Wahrheit nicht mehr sieht, was da geschehen ist.
Zersetzung des Worts ist geschehen.
Das Wort ist in der Offenbarung wesend, im Leben der Gestalt wirkend, in der Herrschaft der erstorbenen wird es geltend.
So die Bahn und Widerbahn des ewigen und ewig gegenwärtigen Worts in der Geschichte.
Die Zeiten, in denen das wesende Wort erscheint, sind die, in denen sich die Verbundenheit von Ich und Welt erneuert; die Zeiten, in denen das wirkende Wort regiert, sind die, in denen sich das

Einvernehmen zwischen Ich und Welt erhält; die Zeiten, in denen das Wort geltend wird, sind die, in denen sich die Entwirklichung, die Verfremdung zwischen Ich und Welt, das Werden des Verhängnisses vollzieht, - bis der große Schauder kommt, und das Atemanhalten im Dunkel, und das bereitende Schweigen.
Aber die Bahn ist kein Kreislauf. Sie ist der Weg. Das Verhängnis wird in jedem neuen Äon erdrückender, die Umkehr sprengender. Und die Theophanie wird immer *näher*, sie nähert sich immer mehr der Sphäre *zwischen den Wesen:* nähert sich dem Reich, das in unsrer Mitte, im Dazwischen sich birgt. Die Geschichte ist eine geheimnisvolle Annäherung. Jede Spirale ihres Wegs führt uns in tiefres Verderben und in grundhaftere Umkehr zugleich. Das Ereignis aber, dessen Weltseite Umkehr heißt, dessen Gottesseite heißt Erlösung.

NACHWORT

1

Als ich (vor mehr als 40 Jahren) die erste Skizze dieses Buches entwarf, trieb mich eine innere Notwendigkeit an. Eine Sicht, die mich seit meiner Jugend immer wieder heimgesucht hatte und immer wieder getrübt worden war, hatte nun eine beständige Klarheit erlangt, und diese war so offenbar von überpersönlicher Art, daß ich alsbald wußte, für sie Zeugnis ablegen zu sollen. Einige Zeit, nachdem ich mir auch das zuständige Wort erdient hatte und das Buch in seiner endgültigen Gestalt niederschreiben durfte [1], ergab sich, daß zwar noch manches zu ergänzen war, aber eben an eigenem Ort und in selbständiger Form. So sind einige kleinere Schriften entstanden [2], die die Sicht, um die es ging, teils an Beispielen verdeutlichten, teils zur Widerlegung von Einwürfen erläuterten, teils auch an Anschauungen Kritik übten, denen sie wohl Wichtiges zu verdanken hat, denen jedoch mein wesentlichstes Anliegen, die enge Verbundenheit der Beziehung zu Gott mit der Beziehung zum

[1] Es erschien 1923.

[2] [*Zwiesprache.* Traktat vom dialogischen Leben. (Erstfassung 1929). Neuausgabe (3. Aufl.) Heidelberg 1978; auch in: Das dialogische Prinzip. 8. Aufl. Gerlingen 1997. – *Die Frage an den Einzelnen.* (1936). Jetzt in: Das dialogische Prinzip. 8. Aufl. Gerlingen 1997. – *Über das Erzieherische.* (Erstfassung 1926). In: Reden über Erziehung. 8. Aufl. Gerlingen 1995. – *Das Problem des Menschen.* (Zuerst hebr. 1942). 5., verbesserte Aufl. Heidelberg 1982.]

Mitmenschen, nicht in seiner zentralen Bedeutung aufgegangen ist. Später sind weitere Hinweise, sei es auf die anthropologischen Grundlagen[1], sei es auf soziologische Konsequenzen[2], hinzugekommen. Dennoch hat es sich erwiesen, daß noch keineswegs alles hinreichend geklärt ist. Mal um Mal haben sich Leser an mich gewandt, um zu erfragen, was mit jenem und diesem gemeint sei. Ich habe lange Zeit jedem einzelnen geantwortet, aber allmählich merkte ich, daß ich der Anforderung nicht gerecht zu werden vermag, und überdies darf ich doch das dialogische Verhältnis nicht auf diejenigen Leser beschränken, die sich zum Reden entschließen, - vielleicht sind gerade unter den Schweigenden manche, die besondere Beachtung verdienen würden. So habe ich denn darangehen müssen, öffentlich zu antworten, zunächst auf einige essentielle Fragen, die sinnmäßig untereinander zusammenhängen.

2

Die erste Frage läßt sich mit einiger Präzision etwa so formulieren: Wenn wir, wie in dem Buche gesagt ist, nicht bloß zu anderen Menschen, sondern auch zu Wesen und Dingen, die uns in der Natur entgegentreten, im Ich-Du-Verhältnis

[1] [*Urdistanz und Beziehung*. (Beiträge zu einer philosophischen Anthropologie I). (Erstfassung 1950). 4., verbesserte Aufl. Heidelberg 1978, erweitert um einen Anhang mit ergänzenden Texten.]

[2] [*Elemente des Zwischenmenschlichen*. (1954). In: Das dialogische Prinzip. 8. Aufl. Gerlingen 1997.]

werde, wo denn da die Mutualität zu finden sei, bleibt mir nur die indirekte Hindeutung auf bestimmte, aber kaum beschreibbare Vorgänge im Leben des Menschen, denen Geist als Begegnung widerfuhr, und letztlich, wenn es am Indirekten nicht genug ist, bleibt mir nichts mehr als an das Zeugnis deiner eigenen - etwa verschütteten, aber wohl doch noch erreichbaren Geheimnisse, mein Leser, zu appellieren.

Kehren wir denn nun zu jenem ersten Gebiet, dem des »Vorhandenen«, zurück. Hier ist es möglich, Beispiele heranzuziehen.

Der Fragende vergegenwärtige sich einen der überlieferten Sprüche eines vor Jahrtausenden gestorbenen Meisters und versuche es, so gut er kann, den Spruch nunmehr mit den Ohren, also als von dem Sprecher in seinem Beisein gesprochen, ja etwa gar ihm zugesprochen, aufzufangen und zu empfangen. Dazu muß er sich mit seinem ganzen Wesen dem nicht vorhandenen Sprecher des vorhandenen Spruches zuwenden, das heißt, er muß ihm, dem Toten und Lebendigen, gegenüber, die Haltung einnehmen, die ich das Dusagen nenne. Wenn es ihm gerät (wozu freilich der Wille und die Bemühung nicht hinreichen, aber es kann wieder und wieder unternommen werden), wird er, vielleicht nur erst undeutlich, eine Stimme hören, mit der identisch, die ihm aus anderen echten Sprüchen desselben Meisters entgegentönen wird. Er wird jetzt nicht mehr können, was er konnte, solange er den Spruch als einen Gegenstand behandelte: er wird aus ihm

stehen können, was ist es, das den eigentlichen Unterschied zwischen jenen und diesen ausmacht? Oder, noch genauer: wenn das Ich-Du-Verhältnis eine beide, das Ich und das Du, faktisch umfangende Wechselseitigkeit bedingt, wie darf die Beziehung zu Naturhaftem als ein solches Verhältnis verstanden werden? Noch exakter: wenn wir annehmen sollen, daß auch Wesen und Dinge der Natur, denen wir als unserem Du begegnen, uns eine Art von Gegenseitigkeit gewähren, was ist dann der Charakter dieser Gegenseitigkeit und was berechtigt uns, darauf diesen fundamentalen Begriff anzuwenden?

Offenbar gibt es auf diese Frage keine einheitliche Antwort; wir müssen hier, statt die Natur gewohnterweise als ein Ganzes zu fassen, ihre verschiedenen Bezirke gesondert betrachten. Der Mensch hat einst Tiere »gezähmt« und er ist jetzt noch fähig, diese eigentümliche Wirkung auszuüben. Er zieht Tiere in seine Atmosphäre und bewegt sie dazu, ihn, den Fremden, auf eine elementare Weise anzunehmen und »auf ihn einzugehen«. Er erlangt von ihnen eine, oft erstaunliche, aktive Erwiderung auf seine Annäherung, auf seine Anrede, und zwar im allgemeinen eine um so stärkere und direktere Erwiderung, je mehr sein Verhältnis ein echtes Dusagen ist. Tiere wissen ja nicht selten, wie Kinder, eine geheuchelte Zärtlichkeit zu durchschauen. Aber auch außerhalb des Zähmungsbezirks findet zuweilen ein ähnlicher Kontakt zwischen Menschen und Tieren statt: es handelt sich da um

Menschen, die eine potentielle Partnerschaft zum Tier im Grunde ihres Wesens tragen, - vorwiegend übrigens nicht etwa »animalische«, sondern eher naturhaft geistige Personen.

Das Tier ist nicht, wie der Mensch, zwiefältig: die Zwiefalt der Grundworte Ich-Du und Ich-Es ist ihm fremd, wiewohl es sich sowohl einem anderen Wesen zuwenden als auch Gegenstände betrachten kann. Wir mögen immerhin sagen, die Zwiefalt sei hier latent. Darum dürfen wir diese Sphäre, auf unser zur Kreatur ausgehendes Dusagen hin betrachtet, die Schwelle der Mutualität nennen.

Ganz anders verhält es sich mit jenen Bezirken der Natur, denen dic uns mit dcm Tier gemeinsame Spontaneität fehlt. Zu unserem Begriff der Pflanze gehört, daß sie auf unsere Aktion zu ihr hin nicht reagieren, daß sie nicht »erwidern« kann. Doch bedeutet dies nicht, daß uns hier schlechthin keinerlei Reziprozität zuteil werde. Die Tat oder Haltung eines Einzelwesens gibt es hier freilich nicht, wohl aber eine Reziprozität des Seins selber, eine nichts als seiende. Jene lebende Ganzheit und Einheit des Baums, die sich dem schärfsten Blick des nur Forschenden versagt und dem des Dusagenden erschließt, ist eben dann da, wenn *er* da ist, er gewährt es dem Baum, sie zu manifestieren, und nun manifestiert sie der seiende Baum. Unsere Denkgewohnheiten erschweren uns die Einsicht, daß hier, durch unser Verhalten erweckt, vom Seienden her etwas uns entgegen aufleuchtet. In der Sphäre, um die es

geht, gilt es, der sich uns eröffnenden Wirkli
keit unbefangen gerecht zu werden. Ich möc
diese weite, von Steinen zu Sternen reiche
Sphäre als die der Vorschwelle, d. h. der vor
Schwelle liegenden Stufe bezeichnen.

3

Nun aber erhebt sich die Frage nach der Sp
die in der gleichen Bildsprache die der »Ü
schwelle« (superliminare) genannt werden
d. h. die des Balkens, der die Tür oben deck
Sphäre des Geistes.

Auch hier muß eine Scheidung zwischen
Bezirken vollzogen werden; hier aber reic
tiefer als jene innerhalb der Natur. Es ist di
schen dem, was an Geist schon in die We
gegangen und unter der Vermittlung u
Sinne in ihr wahrnehmbar ist, einerseits un
was noch nicht in die Welt eingegangen, a
reit ist in sie einzugehen und uns gegen
wird, anderseits. Diese Scheidung ist in d
sache begründet, daß ich dir, mein Les
schon in die Welt eingegangene Geis
gleichsam zeigen kann, das andere aber ni
kann dich auf die Geistgebilde, die in
gemeinsamen Welt nicht weniger denn e
oder Wesen der Natur »vorhanden sind«
etwas dir in Wirklichkeit oder Möglich
gängliches hinweisen, - nicht aber auf d
nicht in die Welt Eingegangene. Wenn i
hier, auch für dieses Grenzgebiet noch

keinen Inhalt und keinen Rhythmus heraussondern können; er empfängt nur die unteilbare Ganzheit einer Gesprochenheit.
Aber dies ist noch an eine Person, an die jeweilige Kundgabe der Person in ihrem Wort gebunden. Was ich meine, ist aber nicht auf das Fortwirken eines personenhaften Daseins im Wort beschränkt. Darum muß ich zur Ergänzung auf ein Beispiel hindeuten, dem nichts Persönliches mehr anhaftet. Ich wähle, wie stets, ein Beispiel, das für manchen mit starken Erinnerungen verknüpft ist. Es ist die dorische Säule, wo immer sie einem Menschen erscheint, der fähig und bereit ist, sich ihr zuzuwenden. Mir trat sie zuerst aus einer Kirchenmauer in Syrakus entgegen, in die sie einst eingemauert worden war: geheimes Urmaß sich in so schlichter Gestalt darstellend, daß nichts Einzelnes dran zu besehn, nichts Einzelnes zu genießen war. Zu leisten war, was ich zu leisten vermochte: diesem Geistgebild da, diesem durch Sinn und Hand des Menschen Hindurchgegangenen und Leibgewordenen gegenüber Stand zu fassen und zu halten. Verschwindet hier der Begriff der Mutualität? Er taucht nur ins Dunkel zurück - oder er wandelt sich in einen konkreten Sachverhalt, die Begrifflichkeit spröd abweisend, aber hell und zuverlässig.
Von hier aus dürfen wir auch in jenes andere Gebiet, das Gebiet des »nicht Vorhandenen«, das des Kontaktes mit »geistigen Wesenheiten«, das der *Entstehung* von Wort und Form hinüberblicken.

Wort gewordener Geist, Form gewordener Geist, - in irgendeinem Grade weiß jeder, den der Geist berührte und der sich ihm nicht verschloß, um das grundlegend Faktische: daß solches nicht ungesät in der Menschenwelt keimt und wächst, sondern aus ihren Begegnungen mit dem Anderen hervorgeht. Nicht Begegnungen mit platonischen Ideen (von denen ich keinerlei unmittelbare Kenntnis habe und die als Seiendes zu verstehen ich nicht imstande bin), wohl aber mit dem Geist, der uns umweht und sich uns einweht. Wieder werde ich an das seltsame Bekenntnis Nietzsches gemahnt, der den Vorgang der »Inspiration« dahin umschrieb, man nehme, aber man frage nicht, wer da gibt. Es sei immerhin - man fragt nicht, doch man dankt.
Wer den Anhauch des Geistes kennt, vergeht sich, wenn er sich des Geistes bemächtigen oder dessen Beschaffenheit ermitteln will. Aber Untreue übt er auch dann, wenn er die Gabe sich selber zuschreibt.

4

Betrachten wir erneut, was hier von den Begegnungen mit Naturhaftem und denen mit Geisthaftem gesagt worden ist, in einem.
Dürfen wir denn - so mag nun gefragt werden - von »Erwiderung« oder »Anrede«, die von außerhalb all dessen kommen, dem wir in unserer Betrachtung der Seinsordnungen Spontaneität und Bewußtsein zuerkennen, als von etwas spre-

chen, das eben so, als eine Erwiderung oder eine Anrede, in der Menschenwelt geschieht, in der wir leben? Kommt dem, was hier davon gesagt wurde, eine andere Gültigkeit zu als die einer »personifizierenden« Metapher? Droht hier nicht die Gefahr einer problematischen »Mystik«, die die von aller rationalen Erkenntnis gezogenen und notwendigerweise zu ziehenden Grenzen verwischt?

Die klare und feste Struktur des Ich-Du-Verhältnisses, jedem vertraut, der ein unbefangenes Herz und den Mut hat, es einzusetzen, ist nicht mystischer Natur. Aus unseren Denkgewohnheiten müssen wir zuweilen treten, um sie zu verstehen, nicht aber aus den Urnormen, die das menschliche Denken der Wirklichkeit bestimmen. Wie im Bereich der Natur, so darf im Bereich des Geistes - des Geistes, der in Spruch und Werk fortlebt, und des Geistes, der zu Spruch und Werk werden will - das Wirken an uns als ein Wirken von Seiendem verstanden werden.

5

In der nächsten Frage geht es nicht mehr um Schwelle, Vorschwelle und Überschwelle der Mutualität, sondern um sie selber als um die Eingangstür unseres Daseins.

Gefragt wird: Wie verhält es sich mit dem Ich-Du-Verhältnis zwischen Menschen? Steht dieses denn immer in voller Gegenseitigkeit? Kann es das immer, darf es das immer? Ist es nicht, wie alles Menschliche, der Beschränkung durch unsere Unzulänglichkeit ausgeliefert, aber auch der Beschränkung durch innere Gesetze unseres Miteinanderlebens unterstellt?

Das erste von diesen beiden Hindernissen ist ja bekannt genug. Von deinem eigenen Blick Tag um Tag in die befremdet aufschauenden Augen deines deiner doch bedürfenden »Nächsten« bis zur Wehmut der heiligen Männer, die Mal um Mal das große Geschenk vergebens anboten, - alles sagt dir, daß die volle Mutualität nicht dem Miteinanderleben der Menschen inhäriert. Sie ist eine Gnade, für die man stets bereit sein muß und die man nie als gesichert erwirbt.

Es gibt jedoch auch manches Ich-Du-Verhältnis, das sich seiner Art nach nicht zur vollen Mutualität entfalten darf, wenn es in dieser seiner Art dauern soll.

Als ein solches Verhältnis habe ich an anderem Ort[1] das des echten Erziehers zu seinem Zögling charakterisiert. Um den besten Möglichkeiten im Wesen des Schülers helfen zu können, sich zu verwirklichen, muß der Lehrer ihn als diese bestimmte Person in ihrer Potentialität und ihrer Aktualität meinen, genauer, er muß ihn nicht als eine bloße Summe von Eigenschaften, Strebungen und Hemmungen kennen, er muß seiner als einer Ganzheit inne werden und ihn in dieser seiner Ganzheit bejahen. Das aber vermag er nur, wenn er ihm jeweils als seinem Partner in einer bipolaren Situation begegnet. Und damit seine

[1] *Über das Erzieherische.* Vgl. oben S. 145, Anm. 2.

Einwirkung auf ihn eine einheitlich sinnvolle sei, muß er diese Situation jeweils nicht bloß von seinem eigenen Ende aus, sondern auch von dem seines Gegenüber aus in all ihren Momenten erleben; er muß die Art von Realisation üben, die ich Umfassung nenne. Obzwar es aber darauf ankommt, daß er auch im Zögling das Ich-Du-Verhältnis erwecke, daß dieser also ebenfalls ihn als diese bestimmte Person meine und bejahe, so könnte doch die besondere erzieherische Beziehung nicht Bestand haben, wenn der Zögling seinerseits die Umfassung übte, also den Anteil des Erziehers an der gemeinsamen Situation erlebte. Ob das Ich-Du-Verhältnis nun endet oder aber den ganz andersartigen Charakter einer Freundschaft annimmt, es erweist sich, daß der spezifisch erzieherischen Beziehung als solcher die volle Mutualität versagt ist.

Ein anderes, nicht minder aufschlußreiches Beispiel für die normative Beschränkung der Mutualität bietet uns die Beziehung zwischen einem echten Psychotherapeuten und seinem Patienten. Wenn er sich damit begnügt, diesen zu »analysieren«, d. h. aus seinem Mikrokosmos unbewußte Faktoren ans Licht zu holen und die durch ein solches Hervortreten verwandelten Energien an eine bewußte Lebensarbeit zu setzen, mag ihm manche Reparatur gelingen. Er mag bestenfalls einer diffusen, strukturarmen Seele helfen, sich einigermaßen zu sammeln und zu ordnen. Aber das, was ihm hier eigentlich aufgetragen ist, die Regeneration eines verkümmerten Person-Zentrums wird er nicht zu Werke bringen. Das vermag nur, wer mit dem großen Blick des Arztes die verschüttete latente Einheit der leidenden Seele erfaßt, und das ist eben nur in der partnerischen Haltung von Person zu Person, nicht durch Betrachtung und Untersuchung eines Objekts zu erlangen. Damit er die Befreiung und Aktualisierung jener Einheit in einem neuen Einvernehmen der Person mit der Welt kohärent fördere, muß er, wie jener Erzieher, jeweils nicht bloß hier, an seinem Pol der bipolaren Beziehung, sondern auch mit der Kraft der Vergegenwärtigung am anderen Pol stehen und die Wirkung seines eigenen Handelns erfahren. Wieder aber würde die spezifische, die »heilende« Beziehung in dem Augenblick enden, wo es dem Patienten beifiele und gelänge, seinerseits die Umfassung zu üben und das Geschehen auch am ärztlichen Pol zu erleben. Heilen wie erziehen kann nur der gegenüber Lebende und doch Entrückte.

Am nachdrücklichsten wäre die normative Beschränkung der Mutualität wohl am Beispiel des Seelsorgers darzulegen, weil hier eine Umfassung von der Gegenseite her die sakrale Authentizität des Auftrags antasten würde.

Jedes Ich-Du-Verhältnis innerhalb einer Beziehung, die sich als ein zielhaftes Wirken des einen Teils auf den anderen spezifiziert, besteht kraft einer Mutualität, der es auferlegt ist, keine volle zu werden.

6

In diesem Zusammenhang kann nur noch eine einzige Frage erörtert werden, diese muß es aber auch, weil sie die unvergleichlich wichtigste ist. Wie kann - so wird gefragt - das ewige Du in der Beziehung zugleich exklusiv und inklusiv sein? Wie kann das Du-Verhältnis des Menschen zu Gott, das die unbedingte und durch nichts abgelenkte Hinwendung zu ihm bedingt, dennoch alle anderen Ich-Du-Beziehungen dieses Menschen mit umfassen und sie gleichsam Gott zubringen?

Wohlgemerkt, es wird nicht nach Gott gefragt, nur nach unserer Beziehung zu ihm. Und doch muß ich, um antworten zu können, von ihm reden. Denn unsere Beziehung zu ihm ist so übergegensätzlich wie sie ist, weil er so übergegensätzlich ist wie er ist.

Selbstverständlich ist nur davon zu reden, was Gott in seiner Beziehung zu einem Menschen ist. Und auch das ist nur im Paradox auszusagen, genauer: durch den paradoxen Gebrauch eines Begriffs; noch genauer: durch die paradoxe Verbindung eines Nominalbegriffs mit einem Adiectum, das dessen uns geläufigem Inhalt widerspricht. Die Geltendmachung dieses Widerspruchs muß der Einsicht weichen, daß so und nur so die unentbehrliche Bezeichnung des Gegenstands durch diesen Begriff zu rechtfertigen ist. Der Inhalt des Begriffs erfährt eine umwälzende, umwandelnde Erweiterung, - aber so ergeht es uns ja mit jedem

Begriff, den wir, von der Glaubenswirklichkeit genötigt, der Immanenz entnehmen und auf das Wirken der Transzendenz anwenden.
Die Bezeichnung Gottes als einer Person ist unentbehrlich für jeden, der wie ich mit »Gott« kein Prinzip meint, wiewohl Mystiker wie Eckhart zuweilen »das Sein« mit ihm gleichsetzen, und der wie ich mit »Gott« keine Idee meint, wiewohl Philosophen wie Plato ihn zeitweilig für eine solche halten konnten; der vielmehr wie ich mit »Gott« den meint, der - was immer er sonst noch sei - in schaffenden, offenbarenden, erlösenden Akten zu uns Menschen in eine unmittelbare Beziehung tritt und uns damit ermöglicht, zu ihm in eine unmittelbare Beziehung zu treten. Dieser Grund und Sinn unseres Daseins konstituiert je und je eine Mutualität, wie sie nur zwischen Personen bestehen kann. Der Begriff der Personhaftigkeit ist freilich völlig außerstande das Wesen Gottes zu deklarieren, aber es ist erlaubt und nötig zu sagen, Gott sei *auch* eine Person. Wenn ich, was darunter zu verstehen ist, ausnahmsweise in die Sprache eines Philosophen, die Spinozas, übersetzen wollte, müßte ich sagen, von Gottes unendlich vielen Attributen seien uns Menschen nicht zwei, wie Spinoza meint, sondern drei bekannt: zu Geisthaftigkeit - in der das seinen Ursprung hat, was wir Geist nennen - und Naturhaftigkeit - die sich darin darstellt, was uns als Natur bekannt ist - als drittes das Attribut der Personhaftigkeit. Von ihm, von diesem Attribut stamme mein und aller Menschen Personsein,

wie von jenen mein und aller Menschen Geistsein und Natursein stammt. Und nur dieses Dritte, das Attribut der Personhaftigkeit, gebe sich uns in seiner Eigenschaft als Attribut unmittelbar zu erkennen.

Nun aber meldet sich, unter Berufung auf den allbekannten Inhalt des Begriffs Person, der Widerspruch an. Zu einer Person, erklärt er, gehöre doch wohl, daß ihre Eigenständigkeit zwar in sich bestehe, aber im Gesamtsein durch die Pluralität anderer Eigenständigkeiten relativiert werde; und das könne selbstverständlich von Gott nicht gelten. Diesem Widerspruch entgegnet die paradoxe Bezeichnung Gottes als der absoluten Person, d. h. der nicht relativierbaren. In die unmittelbare Beziehung zu uns tritt Gott als die absolute Person. Der Widerspruch muß der höheren Einsicht weichen.

Gott nimmt - so dürfen wir nun sagen - seine Absolutheit in die Beziehung mit auf, in die er zum Menschen tritt. Der Mensch, der sich ihm zuwendet, braucht sich daher von keiner andern Ich-Du-Beziehung abzuwenden: rechtmäßig bringt er sie alle ihm zu und läßt sie sich »in Gottes Angesicht« verklären.

Man muß sich aber überhaupt davor hüten, das Gespräch mit Gott, das Gespräch, von dem ich in diesem Buch und in fast allen, die darauf folgten, zu reden hatte, als etwas lediglich neben oder über dem Alltag sich Begebendes zu verstehen. Gottes Sprache an die Menschen durchdringt das Geschehen in eines jeden von uns eigenem

Leben und alles Geschehen in der Welt um uns her, alles biographische und alles geschichtliche, und macht es für dich und mich zu Weisung, zu Forderung. Ereignis um Ereignis, Situation um Situation ist durch die Personsprache befähigt und ermächtigt, von der menschlichen Person Standhalten und Entscheidung zu heischen. Wir meinen gar oft, es sei nichts zu vernehmen, und haben uns doch vorlängst selber Wachs in die Ohren gesteckt.
Die Existenz der Mutualität zwischen Gott und Mensch ist unbeweisbar, wie die Existenz Gottes unbeweisbar ist. Wer dennoch von ihr zu reden wagt, legt Zeugnis ab und ruft das Zeugnis dessen an, zu dem er redet, gegenwärtiges oder künftiges Zeugnis.

Jerusalem, Oktober 1957

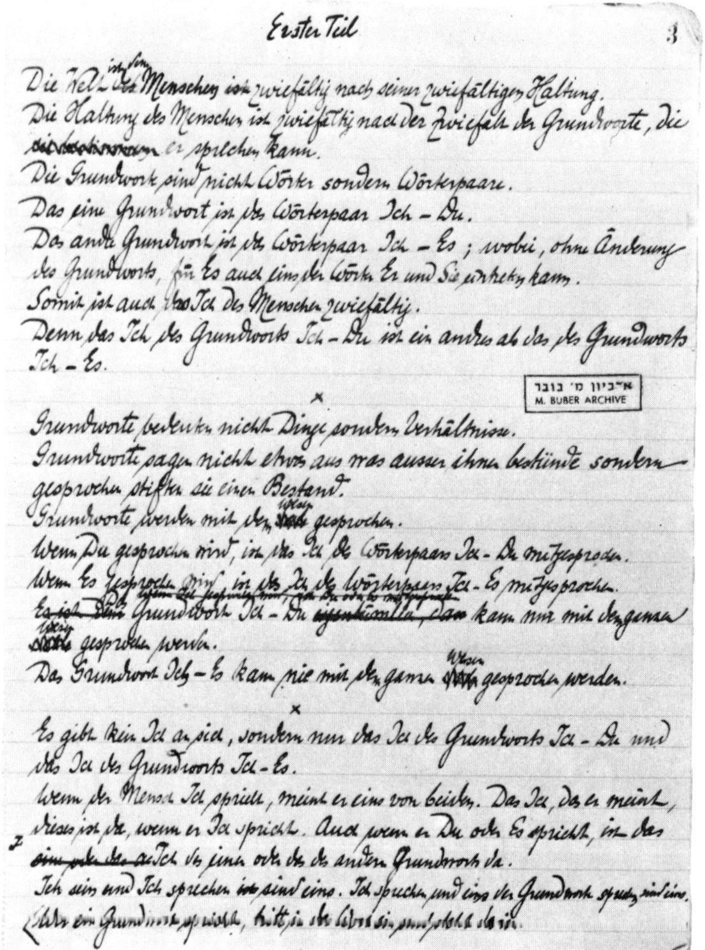

Erster Teil 3

Die Welt ist dem Menschen zwiefältig nach seiner zwiefältigen Haltung.

Die Haltung des Menschen ist zwiefältig nach der Zwiefalt der Grundworte, die ~~die Menschen~~ er sprechen kann.

Die Grundworte sind nicht Wörter sondern Wörterpaare.

Das eine Grundwort ist das Wörterpaar Ich – Du.

Das andre Grundwort ist das Wörterpaar Ich – Es; wobei, ohne Änderung des Grundworts, für Es auch eins der Wörter Er und Sie eintreten kann.

Somit ist auch das Ich des Menschen zwiefältig.

Denn das Ich des Grundworts Ich – Du ist ein andres als das des Grundworts Ich – Es.

×

אר׳כיון מ׳ בובר
M. BUBER ARCHIVE

Grundworte bedeuten nicht Dinge sondern Verhältnisse.

Grundworte sagen nicht etwas aus was ausser ihnen bestünde sondern gesprochen stiften sie einen Bestand.

Grundworte werden mit dem Wesen gesprochen.

Wenn Du gesprochen wird, ist das Ich des Wörterpaars Ich – Du mitgesprochen.

Wenn Es gesprochen wird, ist das Ich des Wörterpaars Ich – Es mitgesprochen.

~~Es ist dem~~ Grundwort Ich – Du ~~eigentümlich, daß~~ kann nur mit dem ganzen Wesen gesprochen werden.

Das Grundwort Ich – Es kann nie mit dem ganzen Wesen gesprochen werden.

×

Es gibt kein Ich an sich, sondern nur das Ich des Grundworts Ich – Du und das Ich des Grundworts Ich – Es.

Wenn der Mensch Ich spricht, meint er eins von beiden. Das Ich, das er meint, dieses ist da, wenn er Ich spricht. Auch wenn er Du oder Es spricht, ist das ~~eine oder das andere~~ Ich des einen oder des anderen Grundworts da.

Ich sein und Ich sprechen ~~ist~~ sind eins. Ich sprechen und eins der Grundworte sprechen sind eins.

Wer ein Grundwort spricht, tritt in das Wort ein und steht darin.

×

Zu der nebenstehenden Abbildung

Faksimile der ersten Textseite des Manuskriptes von *Ich und Du* im Martin Buber-Archiv (Jüdische National- und Universitätsbibliothek Jerusalem). Der Wortlaut weicht schon in der 1. Druckfassung in Einzelheiten ab (Martin Buber: *Ich und Du*. Leipzig: Insel-Verlag 1923, S. 9f.). Der Satz »Grundworte bedeuten nicht Dinge sondern Verhältnisse« wurde 1946 für den Neudruck von *Ich und Du* in dem Band *Dialogisches Leben* gestrichen und fehlt von da an (Martin Buber: *Dialogisches Leben*. Gesammelte philosophische und pädagogische Schriften. Zürich: Gregor Müller Verlag 1947, S. 15).

Bubers kritische und redigierende Neubeschäftigung mit den Schriften seiner ersten Lebensperiode begann früher, als man bisher annahm. Walter Kaufmann z. B. setzt die Streichung des zitierten Satzes noch auf 1957 (Martin Buber: *I and Thou*. A New Translation with a Prologue »I and You« and Notes by Walter Kaufmann. New York 1970, S. 53) und Kees Waaijman auf 1958 (Cornelis Johannes Waaijman: *De mystiek van ik en jij*. Een nieuwe vertaling van »Ich und Du« [...]. Utrecht: Erven J. Bijleveld 1976, S. 128; Kommentar: S. 246f.)

»... was das ist, das ›Ich‹- und ›Du‹-Sagen«, davon spricht Buber erstmals ausführlicher in den Vorlesungen *Religion als Gegenwart* von 1922 (Rivka Horwitz: *Buber's Way to »I and Thou«*. An Historical Analysis and the First Publication of Martin Buber's Lectures »Religion als Gegenwart«. Heidelberg: Verlag Lambert Schneider, 1978). Dort gebraucht er hierfür auch zum ersten Mal den Terminus »Grundworte« (S. 121). L. S.

Martin Buber
Recht und Unrecht
Deutung einiger Psalmen

Neuausgabe, 2. Auflage,
88 Seiten, Leinen mit Schutzumschlag.
ISBN 3-7953-0924-7

Martin Buber deutet fünf Psalmen, in denen es um das Verhältnis zwischen Rechttun und Unrechttun geht. Über den biblischen Aspekt hinaus behandelt er die Thematik von Gut und Böse und die Frage, wie ein wahrhaftiges Leben möglich ist.
Der Psalmist findet sich in einer Welt, in der die Lüge herrscht. Seine Zuversicht, Gott werde sich ›erheben‹ und die Herrschaft der Wahrheit auf Erden errichten, wird immer wieder enttäuscht, und er droht daran zu verzweifeln. Hier jedoch vollzieht sich eine Wandlung in ihm, die ihn Gott nahebringt: »Mit dem Herzen wandelt sich das Auge, und dem neuen Blick tut sich in dem, was bislang sinnlos erschien, der Sinn auf. Auf die innere Wandlung kommt alles an; aus ihr allein wandelt sich die Welt.«